Hans Widmer: »Lebendige Antike«

uxori liberisque carissimis

ISBN: 3-9520192-0-8
Hans Widmer: »Lebendige Antike«

Umschlagseiten: Lehner's Studio, 5024 Küttigen
Satz, Grafiken, Layout und Gestaltung:
Ambi Dexter GmbH, Neumattstrasse 32, 5000 Aarau
Drucktechnische Herstellung: Fasler Druck AG, 5000 Aarau
Printed in Switzerland

5. Auflage 1995

Edition Odysseus, CH-5023 Biberstein
Tel. und Fax: +41 62 827 12 27

Abb. 1: Silberne Venusstatuette *aus Kaiseraugst, Mitte 4. Jh., Höhe 11,2 cm.*

Hans Widmer

Lebendige Antike

Latein und antike Kultur für jedermann

Inhaltsverzeichnis

Vorwort

Während eines Jahres erschienen im Aargauer Tagblatt allzweiwöchentlich Kolumnen über das Thema »Latein und antike Kultur für jedermann«. Im Laufe dieser Zeit wurde der Autor von verschiedener Seite aufgefordert, die Kolumnen in Buchform herauszugeben. Die dreiunddreißig Artikel sind teilweise überarbeitet und um das Thema »Antike Staatswesen« erweitert worden. Viele Abbildungen sind ebenfalls neu hinzugekommen.

Es kann nicht darum gehen, einen Überblick über das weitläufige Gebiet zu geben, sondern einige wenige »Gucklöcher« zu öffnen, um zu zeigen, wie stark wir alle mit der Antike, unserer kulturellen und zivilisatorischen Grundlage, verbunden sind.

Es ist kein wissenschaftliches Buch, sondern will vor allem den Laien ansprechen. Sowohl der des Lateins Unkundige wie der ehemalige Lateiner kommen auf ihre Rechnung. Positive Reaktionen auf die Zeitungskolumne kamen vom Maurerpolier, Volksschullehrer/–in, Historiker, von Hausfrauen, Politikern und sogar von Schülern. Dieses vielfältige Echo hat gezeigt, daß das Ziel wohl einigermaßen erreicht worden ist.

Auf eine eigentliche Bibliographie wurde verzichtet. In den beiden bibliographischen Kolumnen steht das Wichtigste. Zusätzlich sind Bücherangaben am Schluß einiger Kapitel zu finden. *Nicht alle angegebenen Bücher sind im Buchhandel noch erhältlich, lassen sich aber in Bibliotheken auftreiben.* Außerdem ist ein Wortregister angefügt, das die wichtigsten behandelten Begriffe und Sprichwörter umfaßt.

In der vorliegenden fünften Auflage wurden einige Verbesserungen vorgenommen.

Kleines Werbelatein

Von Audi zu Xerox

Auffällige Markennamen spielen in unserer Zivilisation eine wichtige Rolle. Je mehr produziert wird, desto mehr Namen müssen erfunden werden. Sogar der Computer wird heutzutage bemüht, um einen möglichst prägnanten Produktenamen zu erhalten. Dieser spuckt seitenweise Kauderwelsch aus, aber ab und zu wird ein besonders gutklingendes Wort herausgepickt, in der Hoffnung, es werde dem Produkt zum Erfolg verhelfen — brainstorming by computer!

Auch in der Werbebranche spielt die lateinische Sprache eine wichtige Rolle. Ein bekanntes Beispiel ist die Automarke »Audi«. Der Firmengründer August Horch hatte den Namen 1909 auf Anraten seines schulpflichtigen Sohnes gewählt, als er nach seinem Ausscheiden aus den Horch–Werken in Zwickau eine neue Firmenbezeichnung suchte. Der Sohn hatte im Lateinunterricht gut aufgepaßt und verstand den Namen »Horch« als Imperativ von horchen, lat. audi von audire. Übrigens: die Stadt Zwickau im Süden der ehemaligen DDR macht noch heute Autogeschichte. Nachdem dort drei Millionen »Trabis« hergestellt wurden, können sich die Ostdeutschen überhaupt nicht mehr für diese »Dreckschleuder« erwärmen und warten auf die VW Polo, die nächstens am selben Ort produziert werden sollen. Mit der Mutter VW kehrt somit Audi indirekt wieder an den alten Tatort zurück!

Aber auch in unserer Region wurde schon früh die verkaufsfördernde Wirkung von lateinischen Wörtern erkannt. So haben die beiden Industriellen Widmer und Sandmeier aus Lenzburg die beiden Anfangsbuchstaben ihrer Namen kombiniert (Wisa), aber offenbar der Wirkung dieses Wortes noch nicht ganz getraut und, um ganz sicher zu gehen, ein lateinisches gloria (Ruhm) angehängt.

Unter dem Namen Wisa Gloria wird noch heute Spielzeug verkauft. Einen nicht unbedingt lateinischen Klang hat der Name des erfolgreichen Süßgetränks Sinalco (sine alcohol, ohne Alkohol). Griechischen Ursprungs sind die Namen des amerikanischen Sportartikelherstellers Nike (Sieg) und von Xerox (Kopiergeräte). Dieser Name ist hergeleitet aus Xerographie (Trockenschreibeverfahren) — xerós bedeutet trocken. Mit der Phantasieendung –ox wird ein effektvoller Bezug zum Wortanfang und eine Symmetrie erreicht. Ähnliches stellen wir bei Xenix oder Kodak fest, wobei der letztgenannte Name ein reines Phantasieprodukt ist. Mit der Wiederholung von Buchstaben, hier vor allem in der Absicht, eine Symmetrie herzustellen, wird der Markenname einprägsam und unverwechselbar. Dieses Prinzip wird beim Waschmittel Omo auf die Spitze getrieben.

Wenn wir mit Römeraugen durch Aaraus Straßen spazieren, springen uns auch einige Latinismen ins Auge. Auffällig und widerborstig bietet sich der Namenszug eines Optikergeschäfts an: ad opticus (zum Optiker). Jeder Lateinanfänger weiß, daß die Präposition »ad« den Akkusativ verlangt. Doch hier gilt dies nicht? Der Inhaber soll bei der Eröffnung darauf aufmerksam gemacht worden sein, doch habe er sich nicht mehr zu einer derartigen Korrektur entschließen können — andere Korrekturen nimmt er (hoffentlich) laufend vor! Vielleicht verhilft ihm diese Auffälligkeit in der Geschäftsbezeichnung aber zu mehr Beachtung in den breiten Lateinerkreisen der Region Aarau — womit der Zweck den seinigen erreicht hätte. In der hinteren Vorstadt treffen wir auf den unübersehbaren lateinischen Schriftzug »Ex Libris« über einem bekannten Buch– und Schallplattengeschäft. Mit kunstvoll gestalteten Namensetiketten, die diese Bezeichnung tragen, werden wohl heute noch Bücher liebevoll mit dem Namen des Besitzers versehen. Ex libris bedeutet: aus den Büchern, aus dem Bücherbestand von XY.

Literatur: Andreas Lötscher, Von Ajax bis Xerox, Ein Lexikon der Produktenamen, Artemis 1987, Ex Libris 1989.

Frühes Rom

Die erste schriftliche Quittung

Das Alphabet I

Das lateinische Alphabet ist auch das unsrige geworden und das weitestverbreitete auf der Erde. Urvater ist das semitische Alphabet, speziell das phönizische. Die Phönizier waren in der ersten Hälfte des 1. Jahrtausends v. Chr. wichtige Handelspartner der Griechen, und brachten ihnen neben Waren auch die Schrift. Diese ihrerseits paßten das Alphabet an ihre besonderen sprachlichen Verhältnisse an. Das Augenfälligste war, daß die Griechen dem rein konsonantischen semitischen Alphabet Vokale hinzufügten. Dazu verwendeten sie die Zeichen von für sie überflüssigen semitischen Konsonanten, wie das Aleph (Alpha), deren Lautwert sie veränderten. So war in diesem Fall aus einem für griechische Ohren undefinierbaren Kehllaut das klingende »A« entstanden, unter Beibehaltung des phönizischen Zeichens.

Man kann sich lebhaft das Staunen von griechischen Händlern in einer ostgriechischen Kolonie wie z.B. Milet vorstellen, als ihnen zum erstenmal in der Zeit zwischen 1000 und 800 v. Chr. phönizische Kaufleute eine schriftliche Quittung ausstellten, vielleicht sogar in griechischer Sprache!

Auffällig ist, daß trotz aller Änderung die Reihenfolge der Buchstaben peinlich genau beibehalten wurde. Daran hielten sich dann auch die Etrusker und Römer.

Über welche Kanäle die Römer das Alphabet übernommen haben, liegt noch ziemlich im Dunkeln. Sicher waren die Etrusker als Vermittler wichtig. Diese haben um etwa 700 v. Chr. die griechische

Schrift von einer unteritalischen griechischen Kolonie übernommen. Daß es nicht das uns besser bekannte östliche griechische Alphabet war, sieht man daran, daß das Chi (X = Lautwert »ch«, wie Chuchichäschtli) im Etruskischen und Lateinischen den Lautwert »x« (Xaver) aufweist — wie es eben bei den Westgriechen üblich war. Solche westgriechische Kolonisten (aus Chalkis auf Euböa) siedelten sich um 750 v. Chr. auf dem idyllischen Burgberg Cumae bei Neapel an. Ihnen könnten die Etrusker die Schrift entliehen und sie dann den Römern weitergegeben haben. Etruskische Vermittlung ist wahrscheinlich, weil die Etrusker das griechische Gamma (Γ oder <) als C (Lautwert »k«) verwendeten. Genau so gebrauchten es die frühen Römer, drückten aber damit gleichzeitig den Lautwert »g« aus, den die Etrusker nicht kannten. Aus diesem Umstand lassen sich die alten Namensabkürzungen C. für Gaius, Cn. für Gnaeus erklären, die auch nach der späteren Einführung des »G« immer beibehalten wurden. Diese längst fällige Verbesserung des Alphabets, nämlich die Einführung des »G«, wird einem gewissen Sp. Carvilius (3. Jh. v. Chr.) zugeschrieben, wohl einem griechischen Sklaven, der freigelassen wurde und als erster in Rom bezahlten Unterricht erteilt haben soll. Er hat seine »Neuerfindung« an die Stelle des nicht mehr gebrauchten Z (gr. Zeta) gesetzt. Das Z war als stimmhaftes S zwischen zwei Vokalen benutzt worden, doch war dieses intervokalische S im frühen Latein zu R geworden, sodaß der Buchstabe Z im Alphabet zur reinen Dekoration geworden war. Die erwähnte Lautentwicklung ist dem Lateiner etwa bekannt aus flos, Genitiv floris, oder festum, aber feriae (Feiertage), übrigens aus derselben Wurzel wie gr. theos (Gott). Das Z wurde später erneut, mit dem Y zusammen, eingeführt und an den Schluß des Alphabets gesetzt. Grund für die Wiedereinführung war der häufigere Gebrauch von griechischen Fremdwörtern im Latein im 1. Jh. v. Chr. Das griechische Y hatte man damit gleich in zwei Fassungen übernommen: einmal seit altersher mit dem in Griechenland bis ins 4. Jh. v. Chr. üblichen Lautwert »u« in Form des kleinen Y (= u), und zweitens eben in späterer Zeit mit dem im hellenistischen Griechenland üblichen Lautwert »ü« in der Form des großen Ypsilon (Y).

Abb. 2: Großer Weihaltar für die Alpengottheiten*. Gefunden in Allmendingen bei Thun. »Alpibus ex stipe reg(io) Lind(ensis)« (Den Alpengottheiten hat dies die Regio Lindensis durch eine Sammlung gestiftet).*

Von der Schreibstube zum Computer

Weiteres zum Alphabet

Die Übernahme des griechischen Alphabets durch die Römer wurde im letzten Kapitel behandelt. Weniger bekannt ist vielleicht, daß auch unsere Urahnen, die Helvetier, einst das griechische Alphabet benutzten. Caesar erzählt in seinem »Bellum Gallicum« (1,29), daß im Lager der Helvetier nach ihrer Niederlage im burgundischen Bibracte 58 v. Chr. Tafeln mit helvetischen Bevölkerungsstatistiken gefunden wurden, die in griechischer Schrift abgefaßt waren. Die Helvetier hatten offenbar beim Übergang zur Schriftlichkeit zuerst auf die wohl von der griechischen Kolonie Massilia (Marseille) rhoneaufwärts gelangten griechischen Buchstaben zurückgegriffen. Funde aus der römischen Schweiz bestätigen diese Praxis, z.B. ein Schwert, das mit griechischen Buchstaben beschriftet den Namen des Besitzers »Korisios« trägt.

***Abb. 3: Schwert des Korisios** in Port BE gefunden, rituell verbogen. Daneben: In griechischer Schrift geschriebener Namenszug des Korisios und dessen Schlagmarke*

Eine weitere interessante Entwicklung des Alphabets sei hinzugefügt: die Entstehung der römischen Zahlzeichen. Diese sind ein reines Abfallprodukt der römischen Übernahme des Alphabets! Von den Etruskern, resp. Griechen wurden Buchstaben mitgeliefert, die den Römern überhaupt nicht zusagten, wie z.B. das Theta Θ, das Phi Φ und das Psi Ψ. Die Römer warfen diese überzähligen Buchstaben nun beileibe nicht auf den Müllhaufen der Geschichte, sondern rezyklierten sie sinnvollerweise in Form von Zahlzeichen. So wurde Φ auf Umwegen zu M, dem Zeichen für 1000; die rechte Hälfte des Φ, eben D, stand für die Hälfte von 1000 (500), Ψ wurde ebenfalls auf (belegten) Umwegen zu L = 50 und Θ zu C = 100. Für 10 gebrauchte man das zwar schon übernommene X, die obere Hälfte davon (V) ergab 5.

Die dargelegte Entstehung der Zahlzeichen mag recht abenteuerlich und unglaubhaft erscheinen, sie ist jedoch durch Inschriften, vor allem auf Grabmälern, recht gut belegt. Damit ist die Entwicklung des lateinischen Alphabets, und auch des unsrigen, in einem ganz kurzen Überblick dargelegt.

Die Anwendung der Schrift erlebte erst um 1450 durch Gutenbergs Erfindung des Buchdrucks eine grundlegende Änderung. Die Tatsache, daß nun große Quantitäten auf einmal hergestellt werden konnten und erst noch in gleichbleibender Qualität, kann als qualitativer Sprung bezeichnet werden. Auch wenn in der Zeit vorher große Schreibstuben (vor allem in Klöstern) mit Abschreiben beschäftigt waren, brachten sie bei aller Schönheit ihrer Schriften nie eine mit der Maschine vergleichbare Leistung zustande, und, was vielleicht noch schwerer wiegt: jede Abschrift hatte ihre Fehler.

Ein zweiter qualitativer Sprung geschah mit der Erfindung des Computers. Dieser kann Texte und Zahlen mit dem Scanner (Lesegerät) automatisch erfassen, mit ihm kann Erfaßtes oder von Hand Eingegebenes beliebig verändert, können Texte, Zahlen und Zeichnungen automatisch weiterverarbeitet werden. In der Computeranwendung hat sich auch die geniale Einfachheit unseres Alphabets gezeigt: da es weder eine Bilder– noch eine Silbenschrift ist, läßt es sich einfach auf die elektronische Textverarbeitung übertragen — man vergleiche die Mühe der Japaner und Chinesen mit diesem Problem!

Übrigens: auch der Computer (Rechner) trägt einen lateinischen Namen. »Putare« hieß ursprünglich »putzen, reinigen« und wurde etwa bei der rohen Wolle oder den Reben gebraucht. Der Winzer »putzt« seine Reben, indem er sie schneidet. Diese Bedeutung ist in dem Verb »amputare«, »ringsum abschneiden«, bewahrt, das früh aus dem Weinbau in die Medizin übergegangen ist (amputieren). Das Verb »(com–)putare« erhielt dann auch den Sinn von »rechnen«, wahrscheinlich über die Zwischenstufe »die Rechnung *bereinigen*«. So heißt es in Catos Werk über die Landwirtschaft (nach 200 v. Chr.): »Vilicus rationem cum domino crebro putet« (der Pächter soll die Rechnung mit dem Eigentümer häufig bereinigen). Die in klassischer Zeit geläufige Bedeutung von »putare« = »berechnen, schätzen, glauben, meinen« ergibt sich dann zwanglos.

Der Bauernhof lieferte die Namen

Begriffe aus der frühen lateinischen Sprache

Die Römer waren in der Frühzeit ein Bauernvolk. Die Seefahrt zum Beispiel lernten sie von den Griechen und übernahmen von ihnen auch wichtige Begriffe wie nauta (Seemann) und ancora (Anker). Aber auch auf geistigem Gebiet waren sie dankbare Abnehmer: poeta (Dichter) von gr. poietes (eigentlich Macher), philosophia usw. Das römische Bauerntum ist aus vielen lateinischen Wörtern ersichtlich. So spricht das Wort pecunia (Vermögen), abgeleitet von pecus (Vieh), für sich. Ähnlich felix (glücklich), welches ursprünglich »fruchtbar« bedeutete (gleiche Wurzel in femina, Frau, und fecundus, fruchtbar, oder laetus, glücklich, ursprünglich »fett« — eine Gleichsetzung, die in der heutigen Überflußgesellschaft längst nicht mehr gilt!).

Der Begriff »rivalis« geht auf ein spezielles landwirtschaftliches Phänomen zurück. »Rivus« (Bach) hieß auch der römische Bewässerungsgraben, von dem benachbarte Grundstücke abwechslungsweise ihr Wasser für die Bewässerung bezogen. Die am selben rivus anliegenden Grundstückbesitzer hießen »rivales« und wurden offenbar durch dauernde Streitigkeiten um das kostbare Naß zu »Rivalen«.

Ohne Hemmungen bezeichneten die Römer den Reichsten als den Besten: optimus (der Beste) kommt von opes (Reichtum).

In ihren Eigennamen begegnet uns der ganze Bauernhof: Porcius von porcus (Schwein), Asinius von asinus (Esel), Ovidius von ovis (Schaf), Lentulus von lens (Linse), Cicero von cicer (Kichererbse). Aber auch Spott spricht aus den Namen: Plautus = Plattfuß, Naso von nasus (Nase), Capito von caput (Kopf), etwa Dickkopf.

Wenn ihnen die Phantasie bei der Namensbildung ausging, numerierten sie ihre Kinder kurzerhand: Sextus, Septimus usw. Demgegenüber tragen die Griechen fast immer klingende Namen: Theodoros/ Dorothea (Gottesgeschenk), Philippos (Pferdefreund), Perikles (überaus berühmt).

Auch italische Stammesbezeichnungen gehen auf Tiere zurück: Picentini von pica (Elster), Hirpini von hirpus = oskisch für lupus (Wolf) und wahrscheinlich Italici, Italia von vitulus (Rind). Hinter diesen Namen steckt die magische Sitte von Völkern oder Gruppen, ein Tier als Totem zu benutzen und sich unter dessen Schutz zu stellen. Auf ähnliche Ursprünge gehen wahrscheinlich in unseren Breiten der Kyburger Adler im Aarauer Wappen, der Uristier, der Berner Bär usw. zurück.

***Abb. 4: Kapitolinische Wölfin** um 500 v. Chr., etruskisch. Die Originale der von der Wölfin gesäugten Zwillinge Romulus und Remus wurden 65 v. Chr. durch einen Blitzeinschlag zerstört. Sie wurden in der Frührenaissance ersetzt.*

Latein verfolgt uns überall

Rusticus — vilain — Tölpel

Nachdem wir im letzten Kapitel auf das frühe bäuerliche Italien eingegangen sind, sei zuerst ein Begriff erwähnt, der dem aufkommenden Gegensatz Land–Stadt entstammt: »bäuerlich« (rusticus) wurde zu »bäurisch, tölpelhaft, ungebildet«, im Gegensatz zu »urbanus« (städtisch, gebildet, fein), ähnlich im Französischen »vilain« (häßlich) aus villanus (Bauer), der in der villa (Bauernhof) wohnt. Auch im Deutschen erhielt das »Ländliche« im Begriff »Tölpel« eine abschätzige Bedeutung, entstanden aus »Törpel«, »Dörfel« (der vom Dorf).

Villaticum war eine kleine Ansammlung von villae; daraus ergab sich im Französischen village (Dorf). Im Deutschen wurden aus lat. villa / villare (Gutshof) »Weiler« und das meistens als Anhängsel erscheinende –wil (Beinwil, Boniswil usw.). Der lateinische Ausdruck ist schon früh als Lehnwort mit dem Sinn einer »vorgeschobenen Hofsiedlung« in die deutsche Sprache übergegangen.

Französisch »cité« (Stadt) kommt von lat. civitas (Bürgerschaft, Stamm), »Zentrum« dagegen ist griechischen Ursprungs: »kéntron« ist der Stachel und die Spore des Reiters, aber auch der »Stachel« des Zirkels in der Geometrie und damit das »Zentrum« des Kreises.

Das lateinische Wort »contra« (gegen) liegt dem Begriff »contrata« (regio) zugrunde — das (der Stadt) »gegenüberliegende« Gebiet. Daraus haben sich im Italienischen »contrada« (Gegend) und »contadino« (Bauer) ergeben und im Englischen »country« (Land). Ähnlich »der Forst« (Wald): lateinisch »forestis« ist Adjektiv zu »foris«, draußen, und bezeichnet das (bewaldete) Gebiet außerhalb der Stadt.

Auch der Handel mit griechischen Kaufleuten hatte seinen Einfluß auf die lateinische Sprache. So boten in der römischen Frühzeit griechische Händler den Römern unter anderem Amphoren an. Die Amphore hieß griechisch amphoreús (masc.), im Akkusativ amphoréa oder amphorá. Weil die Griechen ihre Ware natürlich meistens im Akkusativ anpriesen (Sieh dir diese schöne Amphore an!), hörten die Römer das Wort nur im griechischen Akkusativ auf –a, sahen darin aber einen femininen Nominativ und bildeten so ein neues lateinisches Wort amphora, –ae, fem. Die Bedeutung von griech. amphoreús ist der »Zweiträger« (zwei Henkel), amphi = »rundherum« und »auf beiden Seiten« (vergleiche lat. ambo, beide) und phero = tragen. Analog bildete die deutsche Sprache »Zuber« aus »Zwo–ber«. Den Verbalstamm »ber« (tragen) kennen wir heute noch in »gebären« und »Bahre« usw. Das einhenklige Gefäß hieß dann logischerweise »Eimer«, aus »Ein–ber«.

Zu guter Letzt schauen wir uns noch den Menschen an. Das lateinische Wort »homo« (Mensch) ist urverwandt mit griech. »chthon« (Erde) und mit lat. »humus«. Dahinter steckt die Vorstellung von den »Irdischen«, im Gegensatz zu den »Himmlischen« (Götter). Das Adjektiv »humanus« seinerseits ist von der Form her von »humus« abgeleitet, bedeutungsmäßig aber mit »homo« verbunden (menschlich), während »humilis« (niedrig) ganz dem Boden verhaftet ist.

Diese etymologischen Erörterungen seien mit der Etymologie des Begriffs »Etymologie« abgeschlossen. Griechisch »étymos« ist ein von »eînai« (lat. esse, dt. sein) abgeleitetes Adjektiv. Der Sinn: seiend = wahr. Griechisch »lógos« (Wort) ist hier etwa in der Bedeutung von »Sinn« verwendet, also: Etymologie = »der wahre Sinn«. Das griechische Wort hat übrigens kein th, auch wenn man oft bei griechischen Wörtern ein h zuviel schreibt — bei »Rhythmus« hingegen sind gleich zwei nötig.

Abb. 5: Römisches Öllämpchen. *Gladiatorenkampf, aus Windisch.*

Einzelne Wörter — Geschichte und Geschichten

So wurde der Topf zum Kopf

Irrfahrten griechischer und lateinischer Wörter

Das ehrwürdige griechische Wort *»Apotheke«* wurde im Laufe der Zeit mehrmals verändert, sowohl im Aussehen wie im Sinn. Vor 2500 Jahren bezeichneten die Griechen damit eine Vorratskammer oder ein Getreidelager. Die wörtliche Übersetzung ist »Ab–lage«. Die Römer übernahmen das Wort als »apotheca« mit dem selben Sinn wie im Griechischen. In der Spätantike widerfuhr dem Wort dann Absonderliches. Die Spanier hatten es bereits mit einem Artikel versehen, und so hieß es dann bei ihnen »l'abodega«. Doch weil den meisten das Schriftbild unbekannt war, glaubten sie, nicht »l'abodega« zu hören, sondern »la bodega«. Bis heute ist die Bodega in Spanien ein gängiges Wort für den Weinkeller und die Vorratskammer geblieben. Doch damit ist das mißverständlich entstandene Wort noch nicht am Ende seines Lateins angelangt. Es zog über die Pyrenäen nach Südfrankreich und hieß dann provenzalisch »botica« und weiter nördlich »boutique«. Aber auch die Germanen kamen mit der »verstümmelten Apotheke« in Kontakt. Im Althochdeutschen wurde es zu »potega« und »poteche«, und im Altenglischen zu »bodig«. Es behielt seine Bedeutung »Vorratskammer / Weinkeller«, bezeichnete aber auch noch das Vorratsgefäß — deshalb unser Wort »Bottich«. Dieser Bottich wurde aber von unseren Vorfahren auch noch als Slangbezeichnung für den Körper gebraucht. Die alten Germanen verspotteten also den Körper als Vorratsgefäß — die Engländer tun es heute noch (body = Körper)!

Das ursprüngliche Wort »apothéke« im alten allgemeinen Sinn (ohne Medikamente) hat der Schreibende in Griechenland als etwas verblichenen Schriftzug über einem Gemischtwarenladen in der Peloponnes angetroffen.

So *mauserte* sich (aus *»mutare«*, das Federkleid wechseln) das Wort nach Lust und *»Laune«* (aus *»luna«*, der Mond; er ändert launisch sein Aussehen und beeinflußt damit unsere Laune!). Unsere »pharmazeutische« Apotheke ist seit dem 13. Jahrhundert im deutschen Sprachraum bekannt und wurde offenbar damals als griechisches Fremdwort neu übernommen. Im heutigen Griechenland aber heißt sie »pharmakeîon«.

***Abb. 6: Liebespaar auf Ruhebett.** Runde Zierscheibe aus Stein, Augst. Das davorstehende Speisetischchen ist umgefallen!*

Die alten Germanen verspotteten auch andere Körperteile, indem sie auf lateinische oder griechische Wörter zurückgriffen. Auch *»der Kopf«* ist vom ursprünglichen Sinn her ein Gefäß, nämlich ein Topf. Das Wort leitet sich von lat. »cupa« (Topf oder Faß) her, das man im Englischen noch heute kennt (cup = Becher). Die Verkleinerungsform von »cupa«, »cupellus« gab unseren »Kübel«.

Weiterer Spott in Bezug auf Körperteile zeigt sich im französischen *»la tête«* aus testa, die Scherbe, wahrscheinlich aus der Soldatensprache stammend — man vergleiche eidgenössisch »Kopfwehgamelle« (Armeehelm).

Auch das normale lateinische Wort für »Mund«, os, oris, n., blieb nicht unangefochten, da es zu kurz war, nichts Handfestes aussagte und erst noch eine viel zu komplizierte Deklination hatte. In der Volkssprache setzte sich schon früh »bucca« durch, was eigentlich »die aufgeblasene Wange« bedeutete. Bezeichnenderweise machte dann dieses Wort das Rennen in den romanischen Sprachen (it. bocca; frz. bouche).

Von der Kelter zur Trotte

Weinrituale mit Hintergrund

Vielen Wörtern der deutschen Sprache sehen wir die lateinische oder auch griechische Herkunft nicht mehr an. Die Germanen übernahmen in der ersten Hälfte des ersten Jahrtausends nach Christi Geburt dankbar viele Errungenschaften der römischen Kultur und Zivilisation, so den Stein–, den Straßen– und den Weinbau. Dazu gehören Wörter wie Keller (aus cellarium, von cella), Mauer aus murus, Kalk aus calcem. *»Keller«* zeigt noch das ursprüngliche »K«, wie es im Lateinischen Wort »cella« in klassischer Zeit ausgesprochen wurde, ähnlich das Wort *»Kalk«*, dessen zweites »k« bei einer späteren zweiten Übernahme zu »z« wurde (Kalzium), wie es dem Wort *»Kreuz«* (aus crucem) ergangen ist. Denn ein lateinisches »c« wurde im Spätlatein vor e und i als »z« ausgesprochen, und so erklärt sich eben das »z« in »Kalzium« und »Kreuz«, aber auch das Wort »Zelle«, das eine sogenannte Doublette zu »Keller« darstellt. Es ist vom selben lateinischen Wort (cella) abgeleitet, nur eben später von den Germanen übernommen. Die germanische k–Aussprache für lateinisches »c« ist ein wichtiger Beweis dafür, daß die Römer z.B. den bekannten Redner und Politiker »Kikero« nannten und nicht »Zizero«, wie wir es heute tun. Das bekannteste Beispiel für diese Tatsache ist die frühe germanische Übernahme von »Caesar«, die Kaiser ergab.

Die Einführung der klassischen Aussprache (Kikero) im Lateinunterricht erfolgte in den Zwanzigerjahren dieses Jahrhunderts. Die damals aufkommende Linguistik (Sprachwissenschaft) gab den Anstoß dazu.

Aus dem Weinbau stammt zum Beispiel *»die Kelter«*. Dem Wort liegt das lateinische Wort »calcatura« zugrunde. »calcare« bedeutet »mit den Fersen treten« — bis über das Mittelalter hinaus wurden die

Trauben mit den Füßen zerstampft! Das lateinische Wort wurde aber auch als »Trotte« ins Deutsche übersetzt. »Trotte« gehört zu deutsch »Trott, trotten«, was »intensiv treten« bedeutet (derselbe Stamm in »Trottoir«). Eine dritte Weinpresse trifft man in der Ostschweiz an: *das Torkel*. Es geht auf das lateinische »torculum« zurück und stellt bereits eine »Drehpresse« dar, abgeleitet von »torquere«, drehen (it. »torchio«; vgl. »Torsion«). Die (Wein–) »Presse« kommt von lat. premere, drücken. Natürlich stammt auch das Wort »Wein« selber aus dem Lateinischen, nämlich von »vinum«.

Abb. 7: Satyrn bei der Weinlese*. Kelter im wörtlichen Sinn: die Trauben werden zerstampft. Griechische Amphore, um 530 v. Chr.*

Weitere weinbauliche Entlehnungen sind z.B. »Trichter« von »trajectorium«, welches auf »tra–icere«, hindurchschicken, zurückgeht , dann »pflücken« von »pilucare, pilare«, der Haare berauben, und »Winzer« (aus vinitor).

Um beim Wein zu bleiben: Eine beachtenswerte und mit guten Belegen versehene Arbeit des Altphilologen Heinz Schmitz zeigt, daß in frühen Zeiten bei den Griechen der *Genuß von Wein als Frevel* galt. Man beraubte den Weingott Dionysos seines heiligen Guts, was von ihm geahndet wurde. Analog spricht noch der griechische Tragiker Sophokles in einem berühmten Chorlied seiner »Antigone« davon, daß das Bebauen der Göttin Erde und damit der Genuß ihrer Früchte ein Frevel sei — ein Gedanke, der wohl aus der Zeit stammt, als der Mensch sich neu dem Ackerbau zuwandte.

Da man begreiflicherweise trotzdem nicht gerne auf den Weingenuß verzichtete, fand man einen schlauen Ausweg: Wenn bei gemeinsamem Weingenuß alle Beteiligten gleichzeitig mit Trinken begannen, konnte der geschädigte Dionysos keinen einzelnen am Wickel packen, da er ja nicht wußte, wer mit dem Frevel begonnen hatte, oder anders gedeutet: die Schuld war gleichmäßig verteilt. Mit einer Formel, die im Lateinischen als »Prosit« (es möge nützen! zum Wohl!) erscheint, versuchte man, den drohenden Schaden abzuwenden und das schlechte Gewissen zu beruhigen. Das Anstoßen mit den Gläsern, respektive Trinkschalen, drückt aus, daß man sich als verschworene Bande zusammengefunden hat. »Gemeinsame Schuld konstituiert Gemeinschaft.« So berichtet der römische Historiker Sallust, einige Leute hätten vom Verschwörer Catilina behauptet, er habe seinen Mitverschwörern mit Wein gemischtes Menschenblut zum Trinken gegeben. Erst nachdem alle davon gekostet hätten, habe er ihnen seinen Plan enthüllt, damit sie einander umso treuer wären, da jeder vom anderen wußte, daß er eine solche Freveltat begangen hatte.

Um Brüderschaft zu begründen, z.B. um einander das »Du« anzutragen, reicht heute der Genuß eines schlichten Glases Weines, um, ursprünglich gesehen, die Schuld herbeizuführen, die eine Gemeinschaft festigt. Unter der Schuld ist hier eben das Vergehen gegen das oben geschilderte religiöse Verbot des Weingenusses verstanden, und das Festigen der Gemeinschaft geschieht durch das erwähnte gegenseitige Mitwissen um die Schuld.

So haben sich Rituale im Zusammenhang mit dem Weingenuß über Jahrtausende gehalten, ohne daß noch jemand ihren ursprünglichen Sinn kennt.

Abb. 8: Bacchus (Gott des Weines). *Bronzestatuette aus Avenches.*

EWR–Latein

Staatssekretär Blankart »aufs Maul geschaut«

Am 24. November 1990 hielt Staatssekretär Dr. Franz Blankart in Rheinfelden ein vielbeachtetes Referat über den Stand der EWR–Verhandlungen und integrationspolitische Perspektiven. Als momentaner Chefunterhändler der EFTA–Staaten ist er wohl die in dieser Sache am besten informierte Person. Wir beabsichtigen nun beileibe nicht, seine Ausführungen nochmals zu würdigen — dies geschah im AT vom 26.11.1990 auf anderthalb Seiten — sondern wir möchten einige der zahlreichen Fremdwörter dieses Referats unter die Lupe nehmen. Daß die Diplomatensprache mit Fremdwörtern gespickt ist, erstaunt weiter nicht. Die Welt der Diplomaten ist eine besondere Welt — kosmopolitisch orientiert, in sich aber eher esoterisch (»Kosmopolit« ist ein »Weltbürger«, vgl. Seneca: Patria mea totus hic mundus est — mein Vaterland ist diese ganze Welt. »Esoterisch« kommt vom griechischen »eso« — hinein, eine nach »innen gewandte« Gesellschaft). In einer solchen Gesellschaft kann man sich besonders gut mit Formeln und Fremdwörtern ausdrücken, denn man hat die Gewißheit, daß der andere einen versteht. So wird die Sprache prägnant und kurz. Blankarts Rede enthielt wenige französische Fremdwörter, mehr englische und sehr viele lateinische. Diplomatensprache war während Jahrhunderten das Latein, ab Mitte des siebzehnten Jahrhunderts das Französische, und seit dem ersten Weltkrieg mehr und mehr das Englische. Im ungarischen Parlament war Latein bis 1840 die Verhandlungssprache und in Polen sogar noch länger. Sprachlich gesehen ist der Diplomat ein Staatsmann, der durch »Beglaubigungsschreiben« (Diplom) seiner Regierung ausgewiesen ist. Griechisch »díploma« ist ursprünglich ein »gefaltetes (Schreiben)«. Vom diplomatischen Protokoll ist im Kapitel »Muße in der Schule, Druck in der Presse« die Rede.

Nun zu Blankarts Sprache. Neben unzähligen allgemein bekannten lateinischen Fremdwörtern wie »punktuell, Option, Diskriminierung, vital, provozieren, optimal, Parität, sektoriell«, gab er auch einige zum besten, die im folgenden erklärt seien.

Zur Vorgeschichte des EWR führte er aus, die Schweiz habe schon in den frühen siebziger Jahren daraufhin gearbeitet, den industriellen Warenfreiverkehr in Westeuropa herzustellen. »Seither wurde die Liberalisierung sektoriell auf weitere Gebiete ausgedehnt und die Zusammenarbeit mit der Gemeinschaft, namentlich in der Forschung, punktuell vorangetrieben. Diese Entwicklung hat — früher als wir erwarteten — EG–seitig eine gewisse Sättigung erreicht, weshalb denn auch Präsident Delors den Vorschlag eines Globalabkommens vorlegte, einen Vorschlag, den die Schweiz übrigens *mutatis mutandis* schon in den Jahren 1958, 1962 und 1969 vorgebracht hat, der von der EG aber stets abgelehnt worden ist.« »Mutatis mutandis« bedeutet wörtlich »nach Änderung des zu Ändernden«, oder etwa »unter Berücksichtigung der Verschiedenheiten; mit den entsprechenden Änderungen.« Dagegen bedeutet *»ceteris paribus«* »wenn das übrige gleichbleibt«, d.h.: wenn die Randbedingungen gleichbleiben oder sich so entwickeln, wie man es annimmt. Gemäß der »Finanz und Wirtschaft« vom 1. Dezember 1990 geht der Investor mit Schweizer Aktien auf dem heute sehr tiefen Niveau goldenen Zeiten entgegen, wenn er sich auf die Gewinnschätzungen der Großbanken verläßt, die ceteris paribus entstanden. Ob diese cetera wohl paria bleiben?

Die gestaltende Mitwirkung (decision shaping), die zu einem EWR–Vertrag führen soll, beurteilt Blankart als sehr positiv, falls sie *»bona fide«* durchgeführt wird. »Bona fide« heißt »im gegenseitigen (eigentlich guten) Vertrauen«, »aufrichtig«. Die fides war zur Zeit der römischen Republik wohl der entscheidende Garant für ein reibungsloses Zusammenleben im Staate. Da keine geschriebene Verfassung bestand, war man auf einen allgemeinen Konsens (Übereinstimmung) angewiesen. Veränderungen waren aber nicht ausgeschlossen, sondern sogar viel besser möglich als heute, da man nicht langwierige (formelle) Verfahren zu Verfassungsänderungen durchpauken mußte. Man stelle sich das heute vor!

Das Stocken der EWR–Verhandlungen infolge der Weigerung der EG, den EFTA–Staaten eine ausgewogene Mitbestimmung zuzugestehen, veranlaßte Blankart zu folgender pointierten Aussage: Ein *»non possumus«* der Gemeinschaft würde damit zeigen, daß kein geringerer als der Kommissionspräsident im Rahmen der künftigen europäischen Architektur eine Großaktion gestartet hat, die EG–rechtlich ungenügend durchdacht war. »Non possumus« heißt »wir können nicht (mehr)« und gibt schlicht die Unmöglichkeit an, die Verhandlungen so weiterzuführen.

Abb. 9: Nyon, römische Basilika*. Rekonstruktion in natürlicher Größe durch perspektivische Malerei auf der Wand des Nachbarhauses.*

Der Paradiesgarten

Eigentlich eine Einführung ins Kirchenlatein

Zunächst eine kurze Erläuterung zu unserem Jahresbeginn. Noch im 2. Jh. v. Chr. waren die amtierenden römischen Konsuln normalerweise auch Oberbefehlshaber des Heeres. Amtsantritt der Konsuln wie der übrigen Oberbeamten war der Jahresbeginn, und dieser fand bis 153 v. Chr. am 1. März statt. Daher stammt auch die (später falsche) Zählung der Monate (z.B. November von novem — neun für den heutigen elften Monat und Dezember von decem — zehn für den zwölften Monat).

In der Mitte des 2. Jh. hatten sich die Römer viele Jahre mit blutigen Aufstandsbewegungen in Spanien auseinanderzusetzen. Wenn der das Heer kommandierende Konsul mit seinen Soldaten frühestens am 1. März von Rom losmarschieren konnte, kam er jeweils hoffnungslos zu spät in Spanien an, denn in jener Zeit wurde nur in der warmen Jahreszeit gekämpft. Aus diesem Grunde zogen die Römer den Amtsantritt der Oberbeamten und somit den Jahresbeginn um zwei Monate auf den 1. Januar vor. So konnten sie denn die gewaltige Strecke von Italien über Südfrankreich nach Spanien vor dem Sommer bewältigen und kamen nicht dauernd zu spät dort an! Hätten ihre Transportmöglichkeiten den heutigen entsprochen, würden wir wohl noch heute erst am 1. März auf das neue Jahr anstoßen.

Nun kämen wir auf das eigentlich vorgesehene Thema zu sprechen: Latein und Griechisch in der Kirchensprache. Aber auch hier möchten wir etwas vorausschicken, das nur indirekt damit zu tun hat, nämlich die Besprechung des schönen Wortes *»Paradies«*. Die orientalischen Herrscher hatten die Sitte, sich Prachtsgärten anzulegen, die mit wunderschönen Blumen und Bäumen, aber auch mit allerlei speziellen Tieren ausgestattet waren. Bekannt sind vielleicht die hängenden Gärten der Semiramis in Babylon. Diese Gärten wurden mit einer Mauer umgeben. Aus dem Alten Testament ist »pardes«, die hebräische Fassung des Wortes, als »Baumgarten, Park« überliefert. Die Griechen entlehnten das ursprünglich altpersische Wort »paradeisos« und verwendeten es bei der Übersetzung des 1. Buches Moses für den Begriff »Garten Eden«. Nun aber zur interessanten Etymologie. Da das Persische eine indogermanische Sprache ist, läßt sich das Wort auch in unseren westlichen Sprachen verfolgen. Altpersisch »para« entspricht dem griechischen »perí«, ringsherum, und »deisos« ist derselbe Stamm wie »Teig«, etwas, das man mit den Händen formt, bildet. Im Niederländischen erscheint es als »Deich«, die Mauer, die die Brandung des Meeres abhält und auch geformt wurde. Griechisch heißt »teîchos« die Mauer und lateinisch erscheint das Wort in »fingere«, etwas bilden, auch erdichten, vorgeben (Fiktion, fingiert). Somit haben wir die ursprüngliche Bedeutung des altpersischen Wortes »Paradies« in Händen: Ein Bezirk, der mit einer Mauer rundherum abgegrenzt war.

Abb. 10: Achill auf der Jagd. *Der junge Achill wird durch den Kentauren Chiron getragen und in der Jagd unterrichtet. Randrelief der Achillesplatte aus Kaiseraugst, 4. Jh.*

Da wir gerade vom *Garten* gesprochen haben, kommen wir nicht umhin, auch noch kurz einen indogermanischen Blick auf dieses interessante Wort zu werfen. Es bedeutet nämlich ungefähr das gleiche wie »Paradies«. Man erkennt daran auch sehr schön, daß sich in den indogermanischen Sprachen vor allem die Konsonanten gehalten haben, während die Vokale (a,e,i,o,u) starken Veränderungen unterworfen waren. Griechisch erscheint es als »chórtos«, lateinisch als »hortus«, deutsch »Garten«, in den slawischen Sprachen als »grad« (Belgrad), oder »gorod« (Novgorod, Neustadt) oder »Hradschin« (Burg). Aus dem Vergleich der Wörter ergibt sich die Bedeutung von »abgegrenzter Bezirk«, ob das nun ein Stück kultivierbares Land oder eine Stadt sei.

Wir beschließen das Kapitel mit zwei weiteren Wörtern, die nur indirekt mit der Kirchensprache zu tun haben: *»Der Fan«* und *»profan«*. Das moderne Substantiv »Fan« (Schwärmer) ist eine Verkürzung von englisch »fanatic« oder eventuell von »fancy« (Liebhaberei), oder aus beiden. »Fanatic« hat seine Wurzeln in lat. »fanum« , das Heiligtum, der Tempel. Es bezeichnet etwa einen religiösen Schwärmer. »Fancy« ist eine typische englische Verkürzung des ursprünglich griechischen Wortes »fantasía«, Phantasie. »Profan« bezeichnet denjenigen, der sich vor (pro) dem Tempel (fanum) aufhält, also »nichtgeweiht«.

Von kyriaké zu Kirche

Latein und Griechisch in der Kirchensprache

Die ursprüngliche Sprache des Neuen Testamentes ist Griechisch. Deshalb prägte auch die griechische Sprache die Liturgie der ersten nachchristlichen Jahrhunderte. Erst im 4. Jahrhundert eroberte auch die lateinische Volkssprache den gottesdienstlichen Raum. Nur das vertraute griechische »Kyrie eleison« (Herr, erbarme dich) und die hebräischen Ausdrücke »Amen«, »Halleluja« und »Hosianna« ließen sich nicht verdrängen. Die lateinischen Meßtexte waren aber erstaunlicherweise nicht dem griechischen Modell nachgebildet, sondern wurden als bereits geprägte Formen aus Nordafrika übernommen. Dort hatte schon im 2. Jahrhundert Tertullian mit Erfolg versucht, dem Volk die christliche Botschaft im damals gesprochenen einfachen Latein näherzubringen.

Abb. 11: Silberner Zahnstocher mit Christogramm*. Aus dem Silberschatz von Kaiseraugst, 4. Jh.; eines der frühesten Zeugnisse christlichen Glaubens in der Nordwestschweiz.*

Den Germanen ihrerseits fehlten in ihrer damals frühen Kulturstufe bei der Übernahme der christlichen Religion haufenweise Wörter für den kirchlichen Bereich. Die ersten, die solche Wörter entlehnten, waren die Goten im Reich Theoderichs (zu Beginn des 6. Jahrhunderts). Im folgenden präsentieren wir einige der wichtigsten damals übernommenen *Lehnwörter*. Das sind Fremdwörter, die die deutsche Lautentwicklung mitgemacht haben. So ist das Wort *»Kirche«* ursprünglich ein griechisches Adjektiv zu kýrios, Herr (kyriaké), und bedeutete in Verbindung mit oikía, Haus: »das Haus des Herrn«. Das Adjektiv wurde dann allein gebraucht und ,etwas verkürzt, lateinisch zu cyrica und althochdeutsch chirricha (erstmals überliefert im Jahre 715 im Namen des elsässischen Dorfes Chirchunwilari). Auch *»Pfingsten«* ist ein griechisches Wort. »Pentekosté« ist der »fünfzigste« (Tag nach Ostern), während Ostern germanischen Ursprungs ist, verwandt mit »Osten«, zurückgehend auf ein indogermanisches ausos, Morgenröte (vgl. lat. aurora, griech. éos) Es will wohl den Auferstehungsmorgen angeben. *»Der Teufel«* stammt von griech. diábolos, Verleumder und verdrängte das alte deutsche Wort unholdo, Unhold. Ebenfalls griechischen Ursprungs ist *»der Mönch«*. Zugrunde liegt mónachos, das seinerseits eine Weiterbildung von mónos, allein, ist. Eine weitere Ableitung zu mónos ist monasterium (Einsiedelei), das zu Münster wurde. *»Der Pfarrer«* ist eine germanische Weiterbildung zu »Pfarre«, Pfarrei, im Französischen la paroisse. Griech. paroikía bedeutet Nachbarschaft (pará, neben und oikía, Haus). Der Pfarrer scheint also ursprünglich ein für eine bestimmte Gruppe von Häusern oder Leuten zuständiger Seelsorger gewesen zu sein.

Nach dieser kurzen Auswahl von Lehnwörtern aus dem Griechischen seien einige lateinische Lehnwörter genannt. *»Predigen«* ist die deutsche Umformung von lat. praedicare, verkünden (Ableitung zu dicere, sagen), *»Segen«* geht auf lat. signum zurück (Zeichen). *»Der Probst«* ist aus praepositus, Vorsteher, entstanden und *»Kloster«* aus claustrum, Riegel, Abschließung, (zu claudere), *»Kreuz«* aus crux, das wir in einem früheren Kapitel erklärt haben.

Nach den Lehnwörtern nun zu den sogenannten *Lehnübersetzungen*. Das sind Wörter, die aus einer fremden Sprache wörtlich übersetzt und auf diese Weise übernommen wurden. Dazu gehört etwa *»erbarmen«*, übersetzt aus lat. misereri. Dabei wurde sklavisch das lateinische miser im Sinne von »arm« übersetzt. Das etwas störende »b« vor dem eigentlichen Wortstamm soll von der ursprünglichen Form »ab–armen« herrühren. Ebenso entstand barmherzig aus misericors — miser = arm und cor = Herz! *»Das Gewissen«* geht auf conscientia (scire = wissen) zurück und ist auch eine ziemlich wörtliche Übersetzung aus dem Lateinischen. Weitere Lehnübersetzungen gibt es zu Hunderten, in der Kirchensprache sind sie jedoch eher selten. Dazu gehören z.B. noch *»Allmacht«* aus omni–potentia und *»Fegefeuer«* aus purgatorius ignis. Purgare heißt fegen, reinigen und ignis das Feuer.

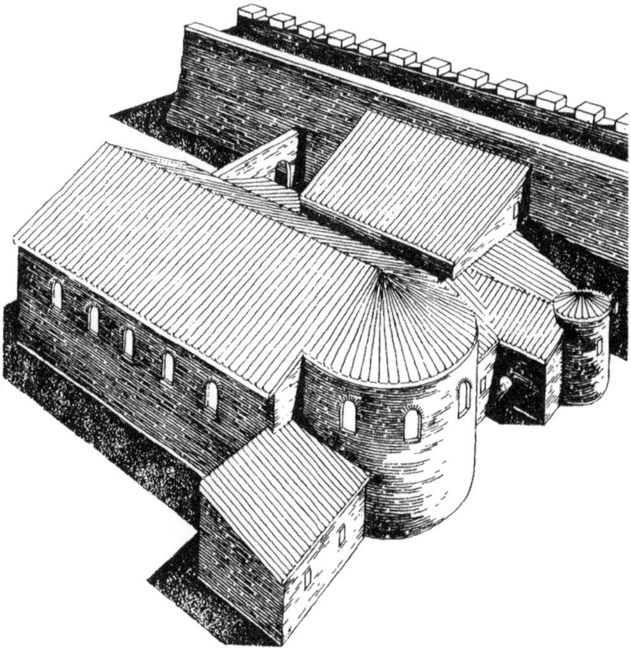

Abb. 12: Frühchristliche Kirche Kaiseraugst mit Baptisterium. *Beginn 5. Jh. (Rekonstruktion)*

Zuletzt ein Wort zu den eigentlichen *Fremdwörtern*. Sie sind Übernahmen aus anderen Sprachen, die sich aber nicht wie die Lehnwörter der deutschen Sprachentwicklung angepaßt haben. Ihnen sieht man die Fremdheit noch deutlich an. Dazu gehören das griechische *»Apsis«*, der halbrunde Ausbau an der Hinterseite der romanischen Kirchen, und *»Krypta«*, der unter der Apsis gelegene unterirdische Kirchenraum. Krypta ist griechischer Herkunft und heißt »verborgen«. Daraus entwickelte sich im Italienischen »grotto«, Grotte, und dann »grotesk«, wunderlich, nach den im 15. Jahrhundert in den Thermen (Grotten) des Titus entdeckten Figuren.

Lateinische und griechische Fremdwörter wurden vor allem seit der Renaissance übernommen. Es gibt aber auch heute noch dauernd neue Übernahmen oder Neubildungen in der Art von *»Automobil«*. Bei diesem Wort ist der erste Teil griechisch (griech. autós = selbst und lat. mobil = beweglich).

Das Lavabo

Weitere Fremdwörter

»Lavabo« bedeutet im Lateinischen »ich werde waschen« (von lavare). Wie kommt es da zu unserem »Brünneli«? Einige lateinische Verbformen sind eben im Deutschen zu Substantiven geworden. Drückt das Futur hier vielleicht eine kindliche Abneigung gegen das Händewaschen aus? Des Rätsels Lösung findet man in der lateinischen Messe. Dort wäscht sich der Priester die Hände mit den Psalmworten »Lavabo inter innocentes manus meas« (ich werde meine Hände unter den Unschuldigen waschen). Dieser Teil der Messe heißt dann schlichtweg »lavabo«. Dies bedeutet zunächst also »das Händewaschen des Priesters«, weiterhin das Handtuch, das er dabei benutzt, schließlich eben die Waschgelegenheit.

***Abb. 13: Bronzekopf einer römischen Göttin**. Aus Allmendingen BE*

Dieselbe Verbform findet sich in *»Placebo«* (ich werde gefallen, von placere). Ein Placebo ist ein simuliertes Heilmittel ohne Wirkstoffe, das meistens in medizinischen Versuchsreihen zu Vergleichszwecken abgegeben wird. Zum selben lateinischen Verb gehört das Fremdwort »Plazet« (Zustimmung), lateinisch placet, es gefällt.

Wenn wir etwas über unsere Sprachgrenze hinausschauen, entdecken wir übrigens einen ganzen lateinischen Satz, der zu einem kleinen Wort reduziert wurde: das französische *»oui«* (ja). Vulgärlateinisch fragte man etwa »Vadit illi (–e)?« (geht er , va–t–il?). Darauf antwortete man: »Hoc facit illi« oder kurz »hoc illi« (das tut er). Aus hoc illi entstand altfranzösisch oil, neufranzösisch oui. In Südfrankreich begnügte man sich sogar mit der Antwort »hoc« (das), altprovenzalisch »oc«, daher die Begriffe langue d'oc (Provenzalisch) gegenüber langue d'oil.

Einige im Deutschen substantivierte Verbformen stammen aus der Kanzleisprache, so das Wort *»Inserat«*. Es ist ein Konjunktiv zu inserere, einfügen (er füge ein). Das Wort gelangte als Aktenvermerk im 17. Jahrhundert zur Bedeutung »Einschaltung, Einrückung« und ging in die jüngere Zeitungssprache über. Ähnliches erfuhren die Substantive *»Referat«* und *»Dezernat«* (er möge berichten / er möge entscheiden). Ein Vorsteher eines Gerichts oder eines Rates verteilte die Neueingänge an seine Mitarbeiter mit diesen Vermerken und forderte sie so auf, über das Geschäft zu berichten oder zu entscheiden. Viele andere Fremdwörter enden ebenfalls auf –at, sind jedoch meist Partizipien lateinischer Verben auf –are, wie zum Beispiel »Desiderat«, das Gewünschte, oder »Format«, das Geformte. Aus der politischen Sprache stammt *»Veto«*, ich verbiete, das heute als Substantiv »Einspruch« bedeutet. *»Credo«*, ich glaube, kommt dagegen aus der Kirchensprache und bedeutet »das Bekenntnis«.

»Prosit«, es möge nützen, ist eine seit dem 16. Jahrhundert bezeugte Wunschformel, die aber, wie wir früher dargelegt haben, einen magischen Ursprung hat. Die eingedeutschte Kurzform »Prost« (daraus »prosten«) kommt immer mehr aus der Mode, da sie als weniger fein betrachtet wird.

»Facit«, es macht (von facere), erscheint bereits in Rechnungsbüchern des 14. Jahrhunderts. Substantiviert begegnet es uns zum ersten Mal 1452 als »Ergebnis, Summe«. Heute wird es in der Form »Fazit« (Schlußfolgerung) meist in anderen Bereichen verwendet. *»Defizit«* von deficere heißt eigentlich »es fehlt«. Weitere ganze Sätze mit einer konjugierten Form von facere sind das später im Kapitel »Carpe diem« erwähnte »Faktotum« (mach alles!) und »Faksimile« (mach etwas Ähnliches!). Normale Fremdwörter, die von facere abgeleitet sind, gibt es zuhauf. So kennt man etwa »Faktum« (Tatsache), eigentlich »das Gemachte«, »faktisch« (tatsächlich), »de facto«, in derselben Bedeutung wie faktisch, aber als Gegensatz zu »de iure« (rechtlich) verwendet. Auch von facere stammt »Fetisch« (mit magischer Kraft erfüllter Gegenstand). Dieses Wort kommt aus dem Portugiesischen und gelangte über das Französische zu uns. Portugiesisch heißt es »feitiço«, Zaubermittel, eigentlich »das Nachgemachte«, von lat. facticius.

Moderne lateinische Verbformen sind *»Video«* (ich sehe, von videre) und *»Audio«* (ich höre, von audire). Listigerweise hat der Computerhersteller Commodore vor kurzem das »Video« ins Perfekt gesetzt (*»Vidi«*), um damit eine ganz besondere Bild–»animation« seiner Amiga–Computer zu bezeichnen. Daß er übrigens eine spezielle Computerreihe »Amiga« nennt, dürfte mit dem wohlklingenden »g« im spanischen Wort für Freundin zu tun haben; lateinisch heißt es etwas rauher »amica«.

Einen lateinischen Satz stellt die Abkürzung *NN* dar. Sie wird vor allem in wissenschaftlichen Werken für eine unbestimmte Person verwendet, vergleichbar unserem umgangssprachlichen »Herr XY«. NN bedeutet »nomen nescio«, ich weiß den Namen nicht, oder »nomen nominandum«, der zu nennende Name.

»Gratis« bedeutet »für bloßen Dank« (Abl. pl. von gratia, Dank), an Stelle von Geld, und der *»Omnibus«* ist ein Gefährt, das »für alle« da ist (Dativ von omnes, alle). Das Wort wurde zuerst im 19. Jahrhundert in Frankreich gebraucht; die Briten verkürzten es zum heute geläufigen Bus.

Muße in der Schule, Druck in der Presse

Worte aus dem Alltag in der Sicht des Lateiners

Das Wort *»schola«* (Schule) geht auf griechisch »scholé« zurück und bedeutet dort »Muße«. Auch heute wünschten wir uns oft mehr »scholé« in der Schule, »doch die Götter setzten«, wie der frühgriechische Dichter Hesiod sagt, »vor das Gelingen den Schweiß; lang und steil ist der Weg dorthin.« In den Gymnasien, den griechischen Sportschulen des 5. und 4. Jh. v. Chr. (gymnós = nackt, man betrieb den Sport nackt) wurde zwischendurch »mal Pause gemacht«, eben scholé betrieben. Zu dieser Zeit erschien dann z.B. Sokrates und diskutierte mit den Jungen über Gott und die Welt, d.h. vor allem über den Menschen. So ergab sich eine Art von Unterricht, und davon erhielt die Schule ihren Namen.

Abb. 14: Relief mit einer Schulszene. *Aus Neumagen BRD. Man beachte die Schriftrollen der beiden Schüler.*

Daß es um das Image (von imago, Bild) der Schule schon in römischer Zeit nicht mehr zum Besten bestellt war, zeigt ein bissiges Gedicht des römischen Dichters Martial (IX 68):

Quid tibi nobiscum est, ludi scelerate magister,
invisum pueris virginibusque caput?
Nondum cristati rupere silentia galli:
murmure iam saevo verberibusque tonas. (...)
vicini somnum — non tota nocte — rogamus:
nam vigilare leve est, pervigilare grave est.
Discipulos dimitte tuos. Vis, garrule, quantum
accipis ut clames, (tantum) accipere ut taceas?

(Was ist dir mit uns gemeinsam, verbrecherischer Schulmeister, / von Knaben und Mädchen gehaßtes Haupt? / Noch haben die Hähne, geschmückt mit dem Kamm, nicht die Stille zerrissen: / schon donnerst du mit wildem Geschrei und mit Schlägen. / Als Nachbarn bitten wir um Schlaf — nicht die ganze Nacht —, / denn wachsein ist nicht schlimm, durchwachen aber hart. / Entlasse deine Schüler! Willst du, Schwätzer, die Summe, die / du bekommst für dein Schreien, bekommen, damit du schweigst?)

Um bei der Literatur zu bleiben: Wichtige Begriffe wie Text, Prosa usw. sind lateinischen Ursprungs. *»Text«* kommt von »texere«, weben, und bedeutet »ein durchgewobenes Schriftstück«, d.h. ein Schriftstück, das wie ein Gewebe die Seiten füllt. Derselbe lateinische Verbalstamm erscheint auch in den Fremdwörtern »Textilien, textil«, aber auch in »subtil«. Dieses Wort geht auf »sub–texilis«, untergewoben, feingewoben zurück.

»Prosa« ist als Gegensatz zu »Vers« zu sehen. »prorsus« heißt »vorwärts« und bezeichnet den Text, der immer vorwärts bis zum Zeilenende läuft. Dem Wort liegt der lateinische Ausdruck »prosa oratio« (fortlaufende Rede) zugrunde. Den Gegensatz dazu bildet *»der Vers«* (lat. versus, von vertere, wenden), der ohne Rücksicht auf die Länge der Zeile an dem ihm vorgegebenen Ort »wendet«.

»Strophe« sagt eigentlich dasselbe aus wie Vers, ist aber griechisch. »Stréphein« heißt »drehen, wenden«, vgl. »Katastrophe«, eine schlimme Wendung. Die Strophe ist die »Wendung« einer höheren Einheit — die Wiederholung einer bestimmte Anzahl Verse und damit auch der Musik, von der griechische Chorlieder begleitet wurden.

»A linea« soll diese Zeile beginnen. Das bedeutet, daß »von einer neuen Linie aus, am Beginn einer neuen Linie« geschrieben wird.

»Die Presse« führt sich auf den Buch»druck« zurück. Mittellateinisches »pressa« (Druck, Zwang, von premere, drücken) wurde schon im Althochdeutschen für die Weinpresse verwendet, im 16. Jahrhundert aber auch für die Buchdruckerpresse. Seit dem Ende des 18. Jahrhunderts bezeichnete das Wort dann die Gesamtheit der Druckerzeugnisse, wie es dies auch heute noch tut.

»Paragraph« und *»Protokoll«* sind griechische Wörter. Noch im 4. Jahrhundert wurden die Wörter griechischer und lateinischer Texte ohne Abstand aneinandergeschrieben. Zudieserzeitfindenwir aberbereitshieunddaamrandderkompaktenkolumneneinengliederndenstrich (Geduld, Geduld!): Er zeigte an, daß hier ein neuer Abschnitt beginnt, ohne daß aber ein Wortabstand oder sogar ein »A linea« beigefügt worden wäre! Dieser kleine Strich am Rand des Textes heißt im Griechischen »parágraphos grammé« (beigeschriebene Linie) oder eben *Paragraph*. Heute wird dieser »Ordnungsstrich« fast nur noch von den Juristen verwendet, hat jedoch seine gliedernde Funktion beibehalten. Das zuerst in Justinians »corpus iuris civilis« belegte *»Protokoll«* bezeichnete das an »erster« Stelle »geklebte« Blatt einer Papyrusrolle, das in der Regel das Inhaltsverzeichnis enthielt. Das Wort führt sich zurück auf die griechischen Wörter »prôtos« (der Erste) und »kollân« (kleben, vgl. frz. coller). Ein solches »Protokoll« war nötig, damit man nicht beim Aufsuchen einer bestimmten Stelle die lange Buchrolle von Anfang bis Schluß abrollen mußte. Heute ist das Protokoll die knappe Zusammenfassung einer Verhandlung, oder, in der Diplomatie, das genau festgehaltene Programm eines Staatsbesuches.

Grundlage dieses letzten Abschnittes ist Klaus Bartels interessantes Büchlein »Wie die Amphore zur Ampulle wurde«, siehe unser Kapitel »Mutter Latein und ihre Töchter«.

Abb. 15: Spätminoische (kretische) Kanne*. Um 1500 v. Chr.*

Römisches Recht

»Ius est ars boni et aequi«

Römisches Recht I

Wir versuchen, in einem ersten Kapitel möglichst kurz die Grundlagen des römischen Rechts darzulegen. Später werden wichtige lateinische Rechtsregeln präsentiert und interessante Einzelfälle herausgegriffen und mit unserem Recht verglichen.

Das römische Recht war und bleibt für die moderne Rechtsprechung in mancher Beziehung Vorbild und Grundlage. Die Römer besaßen eine ausgesprochene Vorliebe für rechtliche Dinge. Ein römischer Politiker war *»eo ipso«* (»durch ihn selbst«), d.h. durch seinen Beruf automatisch auch Redner und Jurist. Das Recht war grundlegend unterteilt in das *ius civile* und das *ius gentium*. Das ius civile regelte den (privaten) Rechtsverkehr der Bürger (cives). Für die im römischen Herrschaftsbereich lebenden Nichtrömer (peregrini = Fremde; aus per agrum — »über das Feld gekommene«) wurde erst im 3. Jh. v. Chr. das Fremdenrecht (ius gentium = »Völkerrecht«) geschaffen. Nach einer modernen Umschreibung bietet das Völkerrecht heute die rechtlichen Regeln zwischen Staaten, internationalen Organisationen usw. Obwohl es nicht mit Gewalt durchgesetzt werden kann, wird seine Geltung durch internationale Organisationen und den Einfluß der öffentlichen Meinung einigermaßen gesichert.

Eine wichtige Quelle des römischen Rechts war das sogenannte *Naturrecht* (ius naturale). Dieses wird definiert als »commune omnium hominum ius«, das allen Menschen gemeinsame Recht, oder als »ratio summa, insita in natura«, etwa: die höchste Vernunft, eingepflanzt in die Natur. In unseren Gesetzeswerken lassen sich kaum naturrechtliche Formulierungen explizit finden (explizit = auseinandergefaltet, ausgebreitet), implizit (= eingefaltet, unausgesprochen) sind sie jedoch auch vorhanden und wirksam. Weniger nüchterne Werke wie z.B. die Unabhängigkeitserklärung der USA von 1776 weisen deutliche naturrechtliche Aussagen auf: »Wir halten diese Wahrheiten für von selbst einleuchtend, daß alle Menschen gleich geschaffen, von ihrem Schöpfer mit gewissen unveräußerlichen Rechten begabt sind, daß darunter sind Leben, Freiheit und das Streben nach Glück.« Naturrechtliche Spuren finden sich heute vor allem in den sogenannten Menschenrechten, nachzulesen in der Europäischen Menschenrechtskonvention, aber auch in unseren Verfassungen. Da das Naturrecht nicht eindeutig ist und nur allgemeine Prinzipien wiedergibt, formulieren es die Gesetzeswerke meist nicht aus.

Eine weitere wichtige Quelle für rechtliche Bestimmungen der Römer ist das *Gewohnheitsrecht* (consuetudo = Gewohnheit, oder mores = überlieferte Sitten). So heißt es etwa: »Diuturna consuetudo pro iure et lege in his, quae non ex scripto descendunt, observari solet« (lange bestehende Gewohnheit pflegt man wie Recht und Gesetz zu beachten in den Angelegenheiten, die sich nicht aus geschriebenem [Recht] herleiten lassen). Ähnlich formuliert unser Zivilgesetzbuch in der Einleitung (1): »Kann dem Gesetz keine Vorschrift entnommen werden, so soll der Richter nach Gewohnheitsrecht entscheiden und, wo auch ein solches fehlt, nach der Regel, die er als Gesetzgeber aufstellen würde.« Da die Römer kein systematisches Gesetzgebungswerk besaßen, sondern *kasuistisches Recht* (*Fallrecht;* casus = Fall) anwendeten, griffen sie bei der Urteilsfindung sehr häufig zum Gewohnheitsrecht und stützten sich auch auf allgemeine Rechtsregeln ab, die ihrerseits aus dem Naturrecht abgeleitet sein konnten. Im kasuistischen Recht wird der zu entscheidende Fall mit einem bereits entschiedenen verglichen. Es liegt dann am Richter, vom einen Fall zum anderen Brücken zu schlagen, wobei er aber nicht an die bereits gefällten Urteile (Präjudizien) gebunden ist. Anders im angelsächsischen Recht, das auch kasuistisch ist: hier ist der Richter an die bereits vorhandenen Urteile gebunden.

Zum Schluß noch ein Blick auf die im Titel zitierte bekannte Kurzdefinition des Rechts: Ius est ars boni et aequi (das Recht ist die kunstvolle Anwendung des Guten und des Angemessenen). Der Autor will damit ausdrücken, daß der Richter immer die beiden naturrechtlichen Grundsätze des bonum und aequum vor Augen haben soll und sich nicht in schlauer Paragraphenreiterei verirren dürfe — wahrlich ein Rat, der heute besondere Gültigkeit besitzt.

Abb. 16: Minerva aus Avenches. *Akrolith, d.h. nur die sichtbaren Teile (Kopf, Hände und Füße) waren aus Stein. Der Körper bestand aus einem Holzgestell, um das mit Tüchern der Leib drapiert war.*

»In dubio pro reo«

Römisches Recht II

Wir haben im letzten Kapitel dargelegt, daß das römische Recht einerseits auf ungeschriebenen Prinzipien des Gewohnheitsrechts und des Naturrechts beruht, andererseits auf dem positiven (»gesetzten«, d.h. geschriebenen) Recht. Das positive Recht kannte mehrere rechtsetzende Instanzen. Neben dem populus (»Gesamtvolk«) waren es die Plebs (Unterschicht), der Senat, die Oberbeamten (magistratus, vor allem die Praetoren), in der Kaiserzeit der Kaiser und, last but not least, die Rechtsgelehrten, die in »responsa« (Gutachten) ihre maßgebliche Meinung dartun konnten. Man kann diese Gutachten entfernt mit unseren Bundesgerichtsurteilen vergleichen, die in Grauzonen des Rechts manchmal fast wie Gesetze beachtet werden. So waren an der Entwicklung des positiven (geschriebenen) römischen Rechts drei Komponenten beteiligt: 1. der Wille des Volkes, 2. das imperium (Vollmacht) der Oberbeamten, 3. die Autorität, die auf der allgemeinen Anerkennung von Sachkompetenz und Bewährung beruhte (Senat, Kaiser und Rechtsgelehrte). Alle diese Instanzen haben jedoch, wie bereits früher erwähnt, kein systematisches Gesetzeswerk geschaffen und auch nicht schaffen wollen, sondern sich auf Einzelfälle beschränkt.

Nun zu den Rechtsregeln. Sie waren und sind nur allgemeine Orientierungshilfen. Die auffällige Prägnanz der lateinischen Sprache hat einigen von ihnen, wie auch vielen Fremdwörtern, das Überleben gesichert.

Der wichtige Grundsatz *»in dubio pro reo«* (im Zweifel für den Angeklagten) ist zwar lateinisch, aber nicht römisch. Die Aussage findet man in verschiedenen Formulierungen in den sogenannten »Digesten« (auch: »Pandekten« oder später »corpus iuris civilis« genannt), der abschließenden Sammlung des römischen Rechts aus dem 6. Jahrhundert; die Regel wurde jedoch erst im 16. Jahrhundert vom Mailänder Rechtsgelehrten Bossius so griffig formuliert. Man findet sie in den Verfahrensgrundsätzen der aargauischen Strafprozeßordnung (28,2): »Im Zweifel entscheidet der Richter zugunsten des Angeklagten.«

Lapidar ist die Rechtsregel *»pacta sunt servanda«* — »Verträge sind einzuhalten« (»Lapidar« von lapis, der Stein, d.h. so kurz und prägnant wie in Stein gemeißelte Inschriften). Dieser Satz kann als allgemeiner Grundsatz verwendet werden, es kann damit aber auch speziell ausgesagt werden, daß Verträge, auch wenn sie nicht in einer gesetzlich vorgesehenen Form abgefaßt sind, (mit gewissen Einschränkungen) Gültigkeit besitzen.

***Abb. 17: Weihtafel für Merkur, Apollo und Minerva** aus Yverdon.»Mercurio I Apollini I Minervae Togirix Metiae f(ilius) I v(otum) s(olvit) I (ibens) m(erito)« Dem Merkur, dem Apoll, der Minerva hat Togirix, Sohn des Metia, sein Gelübde eingelöst, gern und nach Gebühr).*

Verschiedene Ansichten über Sinn und Zweck der Strafe zeigen die folgenden Sätze: 1. *»Punitur, quia peccatum«* (es wird bestraft, weil Unrecht begangen wurde), 2. *»Punitur, ne peccetur«* (es wird bestraft, damit nicht (wieder) Unrecht begangen wird), 3. *»Poena constituitur in emendationem hominum«* (Die Strafe wird aufgestellt zur Verbesserung der Menschen). Über diese drei Auffassungen des Sinns der Strafe wird es immer Diskussionen geben. Der erste Satz gibt den überholten Sinn des Vergeltungsstrafrechts wieder, der zweite bezeichnet die Generalprävention (Vorbeugung) als Zweck des Strafrechts, während der dritte Satz, die Idee der Resozialisierung, als Ergänzung zum zweiten Satz heute allgemein anerkannt ist (= Strafgesetzbuch 37,1). Alle drei Sätze lassen sich auf die oben erwähnten »Digesten« des Kaisers Justinian zurückführen (»Digesten« von digerere = ordnen) .

»Summum ius summa iniuria«

Lateinische Rechtsregeln

Viele lateinische Rechtsregeln werden noch heute oft gebraucht. Neben der Prägnanz der lateinischen Sprache ist es wohl auch eine gewisse »magische« Wirkung, die ihnen zu ihrer Bedeutung verhilft. »Magisch« bedeutet »bannend«, und so hat der Schreibende schon erlebt, wie in einer schwierigen Situation der Entscheidungsfindung der Rechtssatz *»pacta sunt servanda«* (Verträge sind einzuhalten) die Rettung aus einer verfahrenen Lage gebracht hat.

Nun zum Rechtssatz des Titels: *Summum ius summa iniuria* (höchstes Recht ist höchste Ungerechtigkeit). Der Satz ist zum ersten Mal bei Cicero bezeugt. Er schreibt aber gleich danach, daß dies ein »proverbium iam tritum« sei (ein schon abgegriffenes Sprichwort — »tritum« zu terere, reiben). Schon etwa 150 Jahre früher lesen wir beim Komödiendichter Terenz (um 200 v. Chr.): ius summum saepe est summa malitia (höchstes Recht ist oft die höchste Bosheit). Aus der Verwendung von Terenz, aber auch aus derjenigen von Cicero läßt sich schließen, daß sich die Bedeutung des Sprichwortes eher auf das subjektive Recht des einzelnen bezieht: Rücksichtslose Geltendmachung seines Rechts ist das höchste Unrecht. Diese Bedeutung liegt dem Satz eher zugrunde als die heute gängige Deutung: Vollständige Durchsetzung des (objektiven) Rechts ist das höchste Unrecht. Sei dem, wie ihm sei: Beide Bedeutungen haben auch heute ihre volle Berechtigung: in beiden Fällen ist der das Recht bestimmende Grundsatz des »bonum et aequum« (Verfolgung des Guten und des Angemessenen) mißachtet.

Ein weiterer wichtiger Rechtsgrundsatz lautet: *Actori incumbit onus probandi* (dem Kläger obliegt die Beweislast). Das heißt, daß der Kläger primär aktiv sein (actor von agere, handeln) und die Beweise beibringen muß, während der Angeklagte natürlicherweise in einer komfortableren Position ist. Man vergleiche dazu ZGB 8: »Wo das Gesetz es nicht anders bestimmt, hat derjenige das Vorhandensein einer behaupteten Tatsache zu beweisen, der aus ihr Rechte ableitet.«

Abb. 18: Jupiter. *Kopf einer Jupiterstatue (Kalkstein), aus Nyon, Höhe 36cm.*

Einen ähnlichen Sinn hat die meistens mißverstandene Rechtsregel *»beati possidentes«* (glücklich [sind] die Besitzenden). Wer eine Sache besitzt, ist im Vorteil. Im Streit um das Eigentum muß nicht der Besitzer, sondern derjenige, der die Sache beansprucht, sein Recht beweisen.

Sehr bekannt ist der Satz: *Audiatur et altera pars* (auch die andere Seite soll angehört werden). Das heißt, daß in einem Rechtsstreit die

Entscheidung erst erfolgen darf, nachdem beide Seiten die Gelegenheit hatten, ihren Standpunkt darzulegen. Dies ist ein uralter Rechtssatz, der bereits im Griechischen bekannt ist (Richtereid in Athen), in dieser Form aber erst im 16. Jh. bezeugt ist.

Der folgende Spruch wird häufig falsch verstanden: *Fiat iustitia, pereat mundus* (Es muß Gerechtigkeit geübt werden und Hochmut zu Fall kommen). »Mundus« bedeutet zwar meistens »Welt«, ursprünglich aber »Schmuck, Kostbarkeit, Herrlichkeit, Putz«. Diese letztere Bedeutung liegt »mundus« im Sprichwort zugrunde. Es will sagen, daß Gerechtigkeit der weltlichen Prachtentfaltung (der Vornehmen und Reichen) nicht weichen darf. Das Mißverständnis hat Martin Luther verursacht, der in einer Predigt den Satz mit den Worten übersetzte: »Es geschehe, was recht ist, und sollt die Welt darob vergehen«, was aber positiv gemeint war (Welt im Sinne von weltlicher Prachtentfaltung). Später hat man dann Welt nur noch im heutigen Sinn verstanden und so den Satz umgedeutet (... auch wenn die Welt untergeht). Dieselbe Entwicklung sehen wir im analogen griechischen Wort »kósmos«. Es bedeutet ursprünglich »Schmuck« (vgl. Kosmetik) und wurde dann auch für das wohlgeordnete (»geschmückte«) Weltall gebraucht.

Einen ähnlichen Sinn haben die folgenden beiden Rechtsregeln: *Lex non distinguit* (Das Gesetz unterscheidet nicht) und *Lex uno ore loquitur* (Das Gesetz spricht mit einem Mund), vergleiche Bundesverfassung 4.

Aus dem Kirchenrecht stammt folgender Satz: *Roma locuta, causa finita* (Rom hat gesprochen, der Fall ist erledigt). Er läßt sich trefflich auf den Fall des umstrittenen Bischofs Haas anwenden — aber auch auf das Schlußspiel der Fußball–WM 1990 in Rom : der Entscheid für den sehr zweifelhaften Penalty für die Deutschen kennt (in Rom) keine Widerrede!

Gefährliches Ballspiel

Fälle aus dem römischen Recht

Schon die Römer mußten sich mit Immissionen auseinandersetzen; dies ist beileibe keine moderne Errungenschaft. So erwähnt Ulpian, ein Kommentator des römischen Rechts um 200, einen Fall, wo aus einer Käserei (taberna casiaria) Rauch in die darüberliegende Wohnung gelangte. Der Jurist Aristo bemerkt dazu, daß dies nicht statthaft sei, wie auch von der oberen Wohnung kein Wasser oder etwas anderes nach unten gelangen dürfe (non immittere licet).

Ulpian nennt an anderer Stelle drei allgemeine Rechtsgebote: »honeste vivere, alterum non laedere, suum cuique tribuere« (ehrenhaft leben, den anderen nicht verletzen, jedem das Seine zubilligen). Der Pächter der Käserei hatte gegen das zweite Gebot verstoßen. Das Wohlbefinden, vielleicht sogar die Gesundheit anderer wurde beeinträchtigt. Aus dem lateinischen Text geht hervor, daß die Stillegung des Betriebs verlangt werden konnte.

Unser Zivilgesetzbuch äußert sich dazu in § 684: »Jedermann ist verpflichtet, bei der Ausübung seines Eigentums, wie namentlich bei dem Betrieb eines Gewerbes auf seinem Grundstück, sich aller übermäßigen Einwirkung auf das Eigentum der Nachbarn zu enthalten.« Nachher werden speziell Rauch, Ruß, lästige Dünste, Lärm oder Erschütterung erwähnt. Die Krux liegt hier im Begriff »*über*mäßige Einwirkung«. Die Bestimmung dieses Maßes beschäftigt unsere Gerichte, Juristen und Gemeinderäte übermäßig.

Etwas anders wird folgender Immissionsfall beurteilt: Es sei nicht rechtens, ein (tönernes, d.h. nicht ganz dichtes) Wasserleitungsrohr an einer gemeinsamen Wand entlangzuführen, aber ein Nachbar könne nicht daran gehindert werden, ein Bad an einer gemeinsamen Wand zu haben, auch wenn die Wand Feuchtigkeit annehme. Obwohl Eigentumsrechte verletzt wurden und dadurch auch der Grundsatz »suum cuique tribuere«, konnte offenbar einem Römer das tägliche Bad nicht verwehrt werden. Der Beurteilung des Falls wird allerdings noch hinzugefügt, ein dauernd gefülltes Wasserbecken, dessen Feuchtigkeit ununterbrochen in die gemeinsame Wand eindringen könne, brauche der Nachbar nicht zu dulden.

Auch ein modern anmutender Sportunfall sei erwähnt: »Als mehrere mit einem Ball spielten, stieß einer von diesen einen jungen Sklaven an, als er den Ball fangen wollte. Der Sklave fiel hin und brach sich ein Bein.« Ulpian antwortet auf die diesbezügliche Anfrage über Schuld oder Unschuld, der Zusammenstoß sei offensichtlich mehr zufällig als schuldhaft (casu magis quam culpa) geschehen. »Culpa« wurde im Sinn von »grober Fahrlässigkeit« verstanden. Die Formulierung »casu magis quam culpa« deutet daraufhin, daß bei Spielunfällen die Schuld schwer zu umgrenzen ist. Im Zweifelsfall wird zugunsten des Angeklagten entschieden (in dubio pro reo) — der Verletzte hatte auf eigenes Risiko mitgespielt, denn »casus a nullo praestantur« (für Zufälle steht niemand ein). — Die Vorfahren der »tifosi« lassen grüßen!

Abb. 19: Mädchen beim Ballspiel. *Mosaik aus Piazza Armerina, Sizilien. Das Bikini ist keine moderne Erfindung!*

Ein dramatisches Ende fand folgendes Ballspiel: Ein zu heftiger Tritt nach einem Ball schleuderte diesen geradewegs gegen die Hand eines Barbiers, die sich mit dem Messer während dem Rasieren eines Sklaven eben über der Kehle des bemitleidenswerten Kunden bewegte. Natürlich hauchte der Sklave in diesem wahrscheinlich nur für Unterrichtszwecke konstruierten Fall auf der Walstatt sein Leben aus. Wer trägt die Schuld? Ulpian ist der Auffassung, daß primär der Barbier verantwortlich sei, denn, wo gewohnheitsmäßig gespielt werde, müsse mit solchen Einwirkungen gerechnet werden. Trotzdem könne man auch die Ansicht äußern, daß ein Kunde, der sich an so gefährlicher Stelle einem Barbier anvertraue, sich über sich selbst zu beklagen habe (wenn er dies noch kann ...). Eine lateinische Rechtsregel lautet: »Consuetudo loci est observanda« (lokale Gegebenheiten sind zu berücksichtigen) — dieser Grundsatz ist auch hier anwendbar.

»Seewurf«

Fälle aus dem römischen Recht II

»Wenn wir wissen, daß eine Sache vom Eigentümer als aufgegeben angesehen wird, können wir sie an uns nehmen« (*pro derelicto rem a domino habitam si sciamus, possumus adquirere*). Dieser Grundsatz des römischen Rechts gilt auch heute. Zivilgesetzbuch 718: »Eine herrenlose Sache wird dadurch zu Eigentum erworben, daß jemand sie mit dem Willen, ihr Eigentümer zu werden, in Besitz nimmt.« Heutige Beispiele sind Abfälle oder zur Abfuhr bereitgestelltes Sperrgut, aber auch »ausgelesene« Zeitungen in der Bahn.

Kritisch wird es beim sogenannten »Seewurf«. Wenn das Meer wertvolle Gütcr anschwemmt, kann man sich daran die Finger verbrennen, wie ein Fall aus dem römischen Recht zeigt. Er handelt nämlich von »res, quae in tempestate maris navis levandae causa eiciuntur« — Dingen, die während eines Sturms ausgeworfen werden, um das Schiff zu erleichtern. In diesem Fall wird das Gut in einer Notlage unfreiwillig aufgegeben. Deshalb begeht derjenige, der es lucrandi animo (in der Absicht, sich zu bereichern) an sich nimmt, einen Diebstahl (furtum). Auch unser Strafgesetzbuch sieht diesen Fall vor. In Art. 141 heißt es: Wer, um sich ... unrechtmäßig zu bereichern, eine fremde bewegliche Sache, die ihm durch Naturgewalt, Irrtum, Zufall oder sonst ohne seinen Willen zugekommen ist, sich aneignet, ... wird ... bestraft.

Wilde Tiere konnten jedoch bedenkenlos gefangen werden. So heißt es bei Gaius: »Omnia animalia, quae terra, mari, caelo capiuntur ... capientium fiunt« (alle Tiere, die zu Lande, im Meer und in der Luft (Himmel) gefangen werden, werden Eigentum derjenigen, die sie fangen). Dies war wohl auch zur Zeit des Komödiendichters Plautus (um 200 v. Chr.) der Fall. In seiner Komödie »Rudens« präsentiert er einen lustigen Streit zwischen zwei Sklaven, von denen der eine, Gripus, einen Koffer aus dem Meer gefischt hat, in dem er gewaltige Schätze vermutet. Der andere Sklave, Trachalio, der nach gemachtem Fang dazukommt, verlangt vom ersten die Hälfte der Beute. Er wisse nämlich, wem der Koffer gehöre: seinem Herrn, der eben Schiffbruch erlitten habe. Darauf argumentiert der Kofferfischer Gripus, wenn er einen Fisch aus dem Wasser gezogen habe, dann habe er ihn als Eigentum. Das Meer gehöre doch allen. Hier hakt Trachalio ein: »Weshalb soll dann dieser Koffer nicht auch mir gehören, wenn doch das Meer allen gehört?« Gripus sieht sich verschaukelt und argumentiert: »Wenn dies gelten würde, gingen die Fischer zugrunde. Niemand kaufte mehr die Fische auf dem Markt. Jeder würde seinen Teil beanspruchen! Sie würden sagen, die Fische seien im »öffentlichen« Meer (in mari communi) gefangen worden.« Nachdem Trachalio die von Gripus richtig gesehene Unterscheidung zwischen öffentlichem Meer und individuellem Fang verwischt hatte, bringt er noch eine weitere Komplikation ins Spiel: »Wagst du es, den Koffer mit Fischen zu vergleichen?« Gripus belehrt ihn darauf: »Sobald ich die Angel ins Meer hinuntergelassen habe, gehört mir, was ich auch immer herausziehe« — Nach dieser bewußt verwirrlich gestalteten argumentativen Phase folgt die endgültige Verwirrung, indem die beiden sich immer weiter von der Wirklichkeit entfernen und mit Schimpfwörtern wie Giftmischer (veneficus), Verbrecher (scelus), Galgenstrick (furcifer) und Thales (schlauer Mensch) bewerfen. Am Schluß resigniert der einfache Gripus und sagt nur noch: »Ich kenne eure städtischen (raffinierten) Gesetze nicht. Ich weiß nur, daß dieser Koffer mir gehört!«

Beide oben erwähnten Rechtsgrundsätze spielen hier mit, werden aber bewußt nicht differenziert behandelt. Der arme Gripus hat rechtlich gesehen von Anfang an keine Chance, obwohl man ihm den Fund doch von Herzen gönnte, denn sein Schatz ist ein unfreiwilliger »Seewurf« und kein Fisch! Trachalio seinerseits hat auch nicht gerade die sauberste Weste, denn er beansprucht die Hälfte des Fundes für sich persönlich, was eine Fundunterschlagung bedeutet. Auch unser ZGB bestimmt in Art. 720, daß ein Fund, sofern er den (wohl etwas antiquierten) Wert von zehn Franken übersteigt, der Polizei anzuzeigen ist.

***Abb. 20: Weinschiff** vom Grabmal eines Weinhändlers, Neumagen BRD.*

»Mutter Latein und ihre Töchter«

Bibliographische Anmerkungen

Statt einer nüchternen Bibliographie zu den bisherigen Kapiteln bringen wir ein »bibliographisches Kapitel« (griech. biblion = Buch, aus »byblos«, ägyptische Papyrosstaude, und graphein = schreiben).

Von allgemeinem Interesse und recht umfassend ist das populäre Werk »Mutter Latein und ihre Töchter« von Carl Vossen. Das illustrierte Buch handelt nur zum geringsten Teil vom Latein in römischer Zeit. Das Hauptgewicht liegt, wie es der Titel sagt, bei den »Töchtern«, d.h. den romanischen Sprachen. In kurzer und prägnanter Art ist ihre Entstehung aus dem Latein beschrieben, immer begleitet von interessanten Wortbeispielen.

Aber auch weiter entfernte Sprachen wie das Deutsche und das Englische werden auf ihren lateinischen Gehalt hin untersucht. Vor allem das umfangreiche Kapitel »England ist ein lateinisches Land« (T. S. Eliot) ist ein Glanzstück — brillant und gut verständlich schildert Vossen sechs Stufen der Entwicklung des Englischen. Sie sind untereinander verschieden in Bezug auf das Einströmen von lateinischem und romanischem Sprachgut. Einige Reste stammen aus der Zeit, als Britannien eine römische Kolonie war. Dazu gehören z.B. »chester« (= castra, Lager, befestigter Ort) in Manchester, Winchester, »coln« (= colonia) in Lincoln und »wich« (= vicus, Dorf) in Harwich, Greenwich. Die germanische Prägung erhielt das Englische durch die Einwanderung der Angeln und Sachsen um 450. Auch sie hatten bereits viele lateinische Ausdrücke übernommen und nach Britannien mitgebracht, wie z.B. »chuhhina« (Küche) aus lat. cocina, das zu engl. kitchen wurde. Lateinische Begriffe der Kirchensprache brachten römische Mönche ab 597 mit. Der lateinische (romanische) Hauptstrom ergoß sich bei der Invasion der französisch sprechenden Normannen im Jahre 1066 über die Insel. Gelehrte Ausdrücke lieferte die Renaissance und technische die neueste Zeit. Seine Bestandesaufnahme veranlaßt Vossen zur Aussage, das Englische sei zur Hälfte Latein. Weitere Kapitel handeln z.B. vom römischen Erbe in den USA und in Osteuropa. »Das Lateinische ist in allen modernen europäischen Fremdsprachen das am häufigsten vorkommende Urgestein.« Das umfangreiche Buch ist im Stern–Verlag, Düsseldorf erschienen und kostet nur Fr. 25.–

Ebenfalls sehr lesenswert ist das kleine Taschenbuch »Wie die Amphore zur Ampel wurde« von Klaus Bartels (DTV 10836). Bartels entwickelt in origineller und lebendiger Weise neunundvierzig Wortgeschichten von häufigen griechischen und lateinischen Fremd– und Lehnwörtern. Unter dem Stichwort »Arzt« lesen wir zum Beispiel, daß der Begriff auf griechisch »arch–iatrós« zurückgeht. Der griechische Verbalstamm »arch–« bedeutet »anfangen, der Erste sein, herrschen«, und »iatrós« heißt »der Arzt« (vgl. Psychiater). »arch–« erscheint auch als »Erz–« in »Erzbischof« usw. So bedeutet »Arzt« eigentlich »Chefarzt«. Im Zuge der üblichen Inflation von Titeln war aus jedem Arzt ein »Erz–arzt« geworden, sodaß man heute für die leitenden Ärzte eine zweite Vorsilbe (Chef–) davorsetzt. So bewahrt das deutsche Wort »Arzt« vom griechischen Arzt (iatros) nur noch das Schluß–t, während der längere Anfangsteil (Arz–) eben den Chef bezeichnet! Ähnlich erging es dem Architekten. »Tekt« (griech. tékton, der Baumeister) würde eigentlich genügen, aber auch er wurde generell zum Chef befördert (archi–). Weitere in diesem Bändchen erklärte Wörter sind z.B. »digital«, »Energie«, »Paragraph«, »Rakete«.

Eine wichtige Quelle für das Kapitel »Der Bauernhof lieferte die Namen« war das Buch» Einführung ins Latein« von Jules Marouzeau (DTV 4029). Es ist ein Standardwerk, das auch den Laien sehr gekonnt und unterhaltsam in die Geschichte, Literatur, Überlieferung usw. der lateinischen Sprache einführt.

Zum Latein in der Werbung sei auf das Buch von Andreas Lötscher, »Von Ajax zu Xerox«, Ein Lexikon der Produktenamen, hingewiesen (Artemis 1987, Ex Libris 1989). Leider wurden nicht alle Namen sauber abgeklärt, wie z.B. »Calida«. Das lateinische Adjektiv »calidus« (warm) liegt bei Unterwäsche zwar auf der Hand, jedoch nicht dem Wort zugrunde. Den Firmengründern war nämlich das spanische »calidad« (Qualität) ins Auge gesprungen. Sie fanden dann aber, daß das Wort besser klinge, wenn man das Schluß–d weglasse (Hinweis von Theodor Knecht).

Die Entwicklung des Alphabets ist hervorragend geschildert und illustriert im Heft »Schrift und Buch, Wege antiker Texte durch die Jahrhunderte« von Kurt Keller. Es liegen zwanzig Dias bei (Staatl. Lehrmittelverlag Bern, 1988).

***Abb. 21: Briefmarken**. Besonders in der mehrsprachigen Schweiz finden sich häufig lateinische Schriften auf den Briefmarken (pro patria, für die Heimat; pro aqua pura, für sauberes Wasser; pro iuventute, für die Jugend).*

Wer gerne ab und zu die Herkunft eines deutschen Wortes und auch von Fremdwörtern verfolgen möchte, ist mit dem Standardwerk von F. Kluge, Etymologisches Wörterbuch der deutschen Sprache, bestens bedient. Der »Kluge« erschien erstmals 1883 und wurde seither immer wieder bearbeitet und erweitert. Auf über neunhundert Seiten bietet er eine unwahrscheinliche Fülle von spannenden Wortgeschichten, die häufig in die Antike zurückreichen — alles zum günstigen Preis von fünfundsechzig Franken. Für die Erklärung von Fremdwörtern empfiehlt sich am ehesten der Dudenband 7 »Das

Herkunftswörterbuch«. Neben echten deutschen Wörtern sind hier auch viele Fremdwörter recht ausführlich erklärt, während im Dudenband »Fremdwörter« Erläuterungen fehlen. Sehr umfassend ist das Fremdwörterlexikon von R. von Kienle, Xenos, Hamburg, Fr. 14.80. Bei über 36'000 Stichwörtern sind die zugrunde liegenden Wörter zu einem großen Teil angegeben. Sogar noch einen Franken billiger ist das empfehlenswerte Buch von F. Wolff und O. Wittstock, »Latein und Griechisch im deutschen Wortschatz«, Volk und Wissen, Berlin 1990. Man findet hier relativ umfangreiche Herkunftsangaben. Griechische und lateinische Fremdwörter der Naturwissenschaften sucht man am einfachsten im Suhrkamp Taschenbuch »Wortelemente lateinisch–griechischer Fachausdrücke in den biologischen Wissenschaften« (F. C. Werner). Diese ausführliche Darstellung deckt auch Gebiete anderer Naturwissenschaften ab, auch der Medizin. Speziell für Mediziner gibt es seit kurzem das Buch von Ilse Becher u.a., »Lateinisch–griechischer Wortschatz in der Medizin«, UTB 1531, Gustav Fischer Verlag, Stuttgart, 1989.

Nun noch kurz zum römischen Recht. Ziemlich umfassend ist das Werk von Detlef Liebs, »Römisches Recht«, (UTB Vandenhoeck 465). Vom selben Autor stammt das Buch »Lateinische Rechtsregeln und Rechtssprichwörter« mit rund 2000 Beispielen (Wissenschaftliche Buchgesellschaft, Darmstadt). Einen sehr kurzen, aber ausgezeichneten Überblick vermitteln die ersten Seiten von »Ius — Iustitia — Iuris prudentia«, einem dünnen Schulbuch mit lateinischen Rechtstexten und einem separaten Kommentar mitsamt den Übersetzungen (Alois Heltweg; Klett 6565 und 65659).

Da immer wieder die Frage gestellt wird, wie man Latein oder Griechisch im Selbststudium erlernen könne, seien die besten Bücher genannt: Alfred Loepfe, »Kleiner Lateinkurs« (anhand von Sprichwörtern), Räber, Luzern, 1967 und Hans Poeschel, »Die griechische Sprache, Geschichte und Einführung«, Heimeran, München 1985, 5. Auflage. Beide Bücher sind leider vergriffen und müssen in Bibliotheken bezogen werden.

Architektur

Der griechische Tempel lebt!

Architektur I

In der griechischen Architektur war der Innenraum noch nicht entwickelt — die Ausstrahlung nach außen war wichtig. Der griechische Tempel war als eine Plastik im freien Raum konzipiert, wie die ägyptischen Pyramiden. Die Cella (Innenraum) des Tempels war nur eine Kammer für die Aufbewahrung des Kultbildes. Die Gläubigen betraten die Cella nicht, sondern bewunderten das Gottesbild durch die Eingangspforte. Die Opfer wurden auf einem Altar vor dem Tempel dargebracht. Die Säulenumgänge machten den Tempel »durchsichtig«, ließen Licht einströmen. Wichtig war die Beziehung zum lichten unendlichen Außenraum. Doch inwiefern ist der (dorische) Tempel eine Plastik? Seine Formen wurden eben nicht rein geometrisch gestaltet, sondern bewußt leicht »organisch« abgewandelt. So ist die Basislinie der 69,5 m langen Längsseite des athenischen Parthenon um elf Zentimeter nach oben gewölbt, diejenige der Breitseite um sieben Zentimeter. Die Basisfläche sieht dann aus wie ein Taschentuch, das an den vier Ecken gehalten und von unten leicht aufgeblasen wird.

Diese Form setzt sich natürlich nach unten in den drei hohen Stufen, die den Tempel über den Boden erheben, fort, aber ebenso im Gebälk. Auch die Cella–Außenseiten, ja selbst die Türeinfassungen werden von dieser Schwingung noch erfaßt. »Da aber alle Stoßfugen des Baus genau vertikal liegen, gibt es im Stufenbau und Gebälk nur wenige Blöcke in der Mitte der vier Tempelseiten, die wirklich rechtwinklig zugeschnitten sind; alle übrigen Quader und Bauglieder mußten trapezförmig zugerichtet werden, und zwar jeder in einem anderen Winkel! Dieses Phänomen ist heutigen Ingenieuren, welche die dazu erforderliche Genauigkeit des Steinschnittes beurteilen können, stets unbegreiflich« (Berve, Gruben, Griech. Tempel). Um die Kurvatur durchzuführen, hatte man die Ecken der untersten Bodenlage in die alten Fundamente des Vorparthenon abgetieft. Aus dieser Beobachtung ergibt sich, daß der Effekt nicht zufällig, sondern beabsichtigt war. Wie fein die Kurvaturen ausgebildet waren, erkennt man aus der Tatsache, daß die um elf Zentimeter nach oben gebogene Basislinie der Längsseite den Ausschnitt aus einem hypothetischen Kreis mit einem Durchmesser von rund zweiundzwanzig Kilometern bildet!

***Abb. 22: Dorischer Tempel** mit stark überhöhten Kurvaturen. Zeichnung von Hans Fehr.*

Mit diesen sogenannten Kurvaturen hat es aber nicht sein Bewenden. Die Säulen waren ein wenig nach innen geneigt (beim Parthenon um sieben Zentimeter), die Ecksäulen neigten sich diagonal um zehn Zentimeter nach innen. Die Säulen wiesen auch eine feine Schwellung (Entasis) auf: Die rund 10,5 m hohen Säulen waren etwas unterhalb der Mitte um knapp zwei Zentimeter dicker, 1/600 der Säulenhöhe. Zusätzlich waren die Säulenabstände in den Ecken um ungefähr dreißig Zentimeter geringer als die übrigen und die Ecksäulen um über vier Zentimeter dicker. Damit wollte man offenbar ein »Auseinanderfallen« der Tempelseiten verhindern, da ja in den Ecken, wo die Säulen nicht vor den Cellamauern standen, die Lichtöffnungen viel größer erschienen. Diese verringerten Abstände sind auch auf Abbildungen von bloßem Auge gut zu erkennen.

Wozu nun dieser außerordentliche Aufwand? Man versuchte zunächst, diese Feinheiten als perspektivische oder optische Korrekturen zu erklären, indem man die Behauptungen des römischen Architektur–Schriftstellers Vitruv übernahm. Heute dürfte sich die Einsicht durchgesetzt haben, daß all diese Kurven das plastische Wesen des griechischen Tempels unterstreichen. Wir haben ein gutes Beispiel für diese Eigenart in den Säulen der Korenhalle auf der Akropolis. Dort tragen eben »Koren«, junge Mädchen, statt Säulen das Gebälk — echte Plastiken statt rein konstruktive Bauelemente.

Auch auf den farblichen Schmuck des griechischen Tempels sei noch hingewiesen. Zwar behielten die wichtigsten Teile ihr marmornes Aussehen: Stufen, Säulen und Wände blieben unbemalt. Aber vor allem die Gebälk- und Giebelpartie müssen wir uns mit feinen Farben geschmückt vorstellen — wie es übrigens auch bei den marmornen Statuen der Fall war.

***Abb. 23: Dorisches Kapitell** vom Hephaisteion (Theseion) in Athen.*

***Abb. 25: Korinthisches Kapitell** von der Tholos (Rundtempel) in Epidaurus.*

Abb. 24: Ionisches Kapitell *vom Artemis-Tempel in Sardes.*

Abb. 26: Akanthusblätter *(Vorbild für den Schmuck des korinthischen Kapitells)*

***Abb. 27: Korenhalle des Erechtheion**, Akropolis, Athen. Die Figuren wurden kürzlich überholt und ins Akropolis-Museum gestellt. An ihrer Stelle stehen nun Kopien, dafür stören keine metallenen Zwischenstützen mehr den Anblick.*

Der Raum

Architektur II

Nachdem wir im vorhergehenden Kapitel von den raffinierten Feinheiten des dorischen Tempels gesprochen haben, versuchen wir diesmal, in aller Kürze die verschiedenen Arten von Raumkonzeptionen der abendländischen Architektur zu verfolgen. Gemäß dem bekannten Architekturhistoriker S. Giedeon (»Raum, Zeit und Architektur«), einem Kosmopoliten, der in Lengnau AG heimatberechtigt war, erlebte unsere Kultur drei Raumkonzeptionen. Die erste Stufe umfaßte die Architektur von Ägypten, Sumer und Griechenland. Es war eine Raumbildung aus dem Zusammenspiel der Volumen. Der Innenraum wurde vernachlässigt.

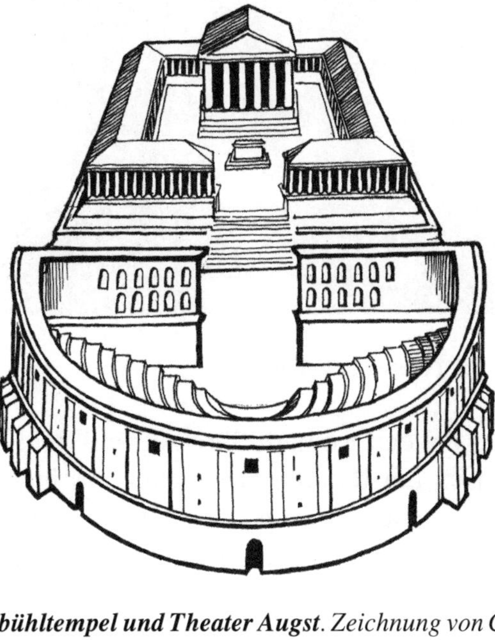

Abb. 28: Schönbühltempel und Theater Augst*. Zeichnung von Cornelia Ziegler.*

Wir haben im letzten Kapitel unausgesprochen davon gesprochen, als wir sagten, der griechische Tempel sei durch seine Säulenumgänge »durchsichtig«, die Beziehung zum lichten unendlichen Raum sei wichtig, und seine Cella sei nur ein notwendiger Behälter für das Kultbild. Daß er kein Zweckbau war, ersieht man auch daraus, daß er eine statische Bruchsicherheit mit dem Faktor 70 aufweist, wie ein Statiker ausgerechnet hat. Heutige Bauten bewegen sich zwischen Faktor 2 bis 3, sind also zwei– bis dreimal sicherer, als gerade ausreichend wäre.

Abb. 29: Römischer Tempel von Nîmes

Ganz anders bei den Römern. Ihre Atrium– und Peristylhäuser öffneten sich nach innen und entwickelten dort ihre ganze Pracht, während sie nach außen nur abweisende Mauern zeigten. Alles Gewicht wurde auf den Innenraum gelegt. Wie mächtig dieser ausgestaltet werden konnte, sehen wir noch heute in dem als christliche Kirche erhaltenen römischen Pantheon. Zwar setzte man vor den Eingang eine artfremde griechische Tempelfassade. Doch das übrige Äußere gleicht einem zylindrischen Gaskessel, wie man ihn früher bei uns kannte. Der Innenraum hingegen entfaltet eine großartige Pracht. Er bildet eine kreisrunde Halle von 43 m Durchmesser und Höhe, wobei die obere Hälfte aus einer Kuppel in Form einer Halbkugel besteht. Das Licht fällt gleichmäßig von oben durch eine kreisrunde Öffnung von 9 m Durchmesser ein. Griechisch »Pantheon« bedeutet »Tempel für alle Götter« — der ganze Götterkreis wurde nach hellenistischer Sitte in Rundtempeln verehrt, in deren Kuppeln man das Himmelsgewölbe sah. Der zylindrische untere Teil seinerseits wurde im goldenen Schnitt in zwei Geschosse geteilt; das untere Geschoß ist mit acht Nischen von abwechslungsweise halbrundem und rechteckigem Grundriß versehen. Erst in der Renaissance wurden wieder ähnlich dimensionierte Kuppeln gebaut (Abb. 30).

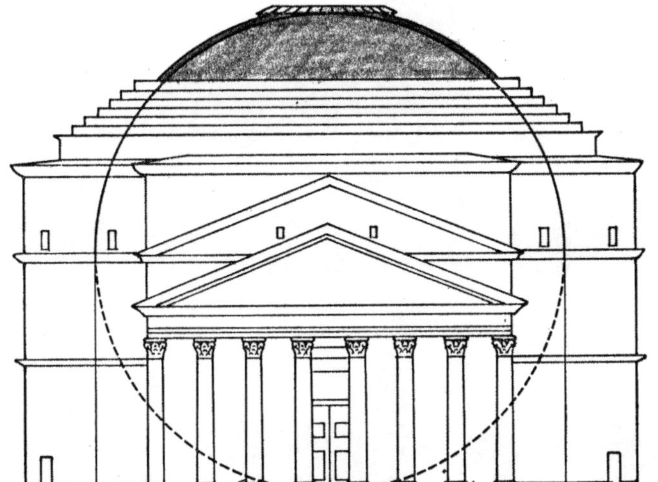

Abb. 30: Pantheon*, Rom. Der Halbkreis der Kuppel wurde hier durch den fiktiven unteren Halbkreis ergänzt.*

Natürlich wirkt der normale römische »Säulentempel« auch nach außen. Doch im Gegensatz zum griechischen hat er eine eindeutige Vorderseite mit einer tiefen Säulenhalle, während im hinteren Teil die Cella (Innenraum) nach außen drängt, indem die Cellamauern die Säulen verbinden und sie nur noch zur Hälfte hervortreten lassen. Dadurch wird ein freier Säulenumgang verhindert (Abb. 29). In der Regel ist der Tempel auch in einen größeren architektonischen Komplex eingegliedert, in eine Breitseite eines großen Rechtecks, das durch eine riesige nach außen geschlossene Säulenhalle gebildet wird. Dem Tempel gegenüber, in der anderen Breitseite, steht dann z.B. eine Markthalle oder ein halbrundes Theater, beides anzutreffen in Augst. Somit ist diese Anlage auch wieder abgeschlossen (Abb. 28).

***Abb. 31: Kapelle von Ronchamp**. Le Corbusier*

In späteren Zeiten, beginnend etwa mit den gotischen Kathedralen, wurden beide Raumkonzeptionen vereinigt. Der Ausstrahlung nach außen entspricht ein gestalteter Innenraum. Die gegenseitige Durchdringung der beiden Räume ist ein Charakteristikum der neueren Architektur. Am Beispiel von Le Corbusier: Die Kapelle von Ronchamp ist wieder (wie die Bauten der ersten Stufe) eine gewaltige Plastik im freien Raum. Das Dach mit der Form und Leichtigkeit einer Vogelschwinge senkt sich nicht ganz auf die Mauern des Kirchenraums, sondern läßt einen horizontalen Spalt offen, der den Raum öffnet. In die turmartigen Kapellen im Innern strömt von oben eine gewaltige Flut von Licht ein, und aus der Ostseite heraus öffnet sich eine »Außenkirche« (Abb. 31). Das vom selben Architekten stammende Heidi–Weber–Haus in Zürich, ein Ausstellungsgebäude für Corbusiers Malerei, wirkt ebenfalls wie eine Plastik.

***Abb. 32: Oper von Sidney**. J. Utzon*

Die Innenräume werden durch die riesigen Glasflächen gegen außen optisch nicht abgeschlossen, sodaß der ganze herrliche

Seeuferpark am Zürichhorn gefühlsmäßig miteinbezogen ist. Auch hier ist das leichte Dach vom Gebäude abgehoben und es hat in der Mitte eine große dreieckige Öffnung. Weiter seien etwa die Oper von Sidney von J. Utzon (Abb. 32) oder die gewaltige Anlage von Brasilia erwähnt, aber auch Botta läßt grüßen.

Wir wollen es nicht unterlassen, noch auf das recht umfassende und reich illustrierte Werk von L. Benevolo, Geschichte der Architektur des 19. und 20. Jahrhunderts, hinzuweisen (DTV 4541–43).

__Abb. 33: Römischer Meilenstein__ St. Maurice; im Mittelalter als Stützsäule für ein Fenster in den Glockenturm der Abtei St. Maurice (Wallis) eingebaut.

Antike Atomphysik

2500 Jahre altes Atom

Es zeichnet die Griechen aus, als erste nach dem abstrakten Allgemeinen gefragt zu haben. Thales fragte um 600 v. Chr.: Welches ist der Grundstoff der Welt? Seine Antwort war: das Wasser. Sokrates fragte um 400 v. Chr.: Was ist das Gute? Damit brachten die beiden einen Stein ins Rollen, der seither immer weiterrollt.

Wenden wir uns jetzt den Physikern zu. Nach Thales und weiteren Zwischenstufen gelangte der Sizilier Empedokles (5. Jh. v. Chr.) zu den vier Elementen Erde, Feuer, Wasser und Luft, die sich bis in die Alchemie des Mittelalters und volkstümlich bis heute gehalten haben. Schon Empedokles sagte: »Es gibt kein Entstehen bei allen vergänglichen Dingen und auch kein Ende eines verderblichen Todes, sondern nur Mischung und Austausch der gemischten Stoffe.« Leukipp und Demokrit (5. Jh. v. Chr.) haben das Problem auf eine rein materialistische Stufe zurückgeführt. So sagt Demokrit: »Nur der Meinung nach gibt es süß, nur der Meinung nach bitter, warm, kalt, nur der Meinung nach Farbe, in Wahrheit gibt es nur Atome und leeren Raum.« — ein Zitat, dem man das Alter von zweieinhalb Jahrtausenden nicht ansieht!

Materie und leerer Raum sind also die zwei Grundkomponenten des Kosmos und das einzige Existente, alles andere sind nur Vorstellungen. Schon zu behaupten, daß es einen unendlichen Raum gebe, brauchte in der Antike Mut und geistige Überlegenheit. Die Materie selbst besteht aus kleinsten, unsichtbaren, unveränderlichen Teilchen, »die so winzig sind, daß sie sich unseren Sinnesorganen entziehen« und darum »nur mit dem Verstand erkennbar sind.« Der griechische Begriff »átomon« (unteilbar), zuerst als Adjektiv zu sôma, Körper, gebraucht, erscheint hier zum ersten Mal in dieser Bedeutung. Drei weitere Begriffe, Synonyme zu Atom, stammen aus der ersten Generation der Atomisten: von sôma (Körper) führt der Weg über lat. corpus / corpusculum zu den Korpuskeln, die ógkoi (Massen) sind über lat. moles / moleculae zu den Molekülen geworden, während die Teilchen (particulae) in gr. mória vorgeprägt sind.

Die Atome unterscheiden sich durch ihre Form, ihre Lage und ihre verschiedenartige Anordnung innerhalb von Stoffverbindungen. Zur Erklärung dieser Tatsache schuf man einen wunderschönen Vergleich: Auch die Buchstaben sind in den Wörtern nur durch ihre Form, Anordnung und Lage verschieden und können doch die ganze Welt beschreiben!

Interessant und auch ein wenig typisch ist, daß wir einen großen Teil der griechischen Atomtheorie aus einer römischen Bearbeitung kennen: Lukrez hat im 1. Jh. v. Chr. in einem sechsteiligen Lehrgedicht in Hexametern diese Gedanken dargelegt. Er stützt sich dabei vor allem auf den Griechen Epikur (um 300 v. Chr.).

Zur antiken Atomtheorie noch drei frappante Details: 1. Lukrez spricht bereits von einer Art Molekülen: »concilia principiorum« sind eine Versammlung oder Vereinigung von Atomen. 2. Alle Atome befinden sich in dauernder Bewegung, die Atome von Gasen und Flüssigkeiten in ungeordneter, diejenigen von festen Stoffen in geordneter, harmonischer Bewegung, vgl. heute die Gitterstruktur, in der sich die Atome fester Stoffe über dem absoluten Nullpunkt in harmonischer Schwingung bewegen. — Nebenbei gesagt: Das Wort »Gas«, die französische Version von griechisch »Chaos« sagt ja eben gerade aus, daß die Atome oder Moleküle sich darin »chaotisch« bewegen. 3. Die Vorstellung von verschiedenen Atomgewichten ist bei Demokrit schon vorhanden.

Es war einer der kühnsten Gedanken der antiken Atomistik, die ganze Fülle von Erscheinungen, Qualitäten und subjektiv empfundenen Sinneswahrnehmungen auf ganz wenige, objektivierbare Faktoren zurückzuführen, eine Reduktion, die die heutige Naturwissenschaft immer noch vornehmen muß!

Neben diesen Highlights der antiken Atomtheorie sollen die Fehltreffer nicht verschwiegen werden: So wurden z.B. auch Geist und Seele rein atomistisch erklärt: sie bestehen einfach aus ganz feinen Atomen. Da die elektromagnetischen Kräfte noch nicht bekannt waren, dachte man sich die Atome untereinander mit komplizierten Häkchen und Ösen verbunden — etwa ähnlich dem modernen Klettverschluß.

Alle diese Vorstellungen sind teils auf direkte Anschauung zurückzuführen, teils sind sie Resultate genialer Spekulation. Es sind verschiedene empirische Anregungen überliefert, z.B. die Beobachtung, daß an der Küste aufgehängte Kleider feucht werden, d.h. daß Wasser unsichtbar in kleinsten Teilchen durch die Luft getragen wird. Auch die Düfte wurden in der Antike zum Beweis für die Atomtheorie herbeigezogen. Ein ähnliches Beweisverfahren wandte der deutsche Arzt Daniel Sennert bei der ersten ernsthaften Wiederaufnahme antiker Atomistik um 1600 an.

Entscheidend und auch genial war die Tatsache, daß man nicht alles auf einmal beweisen wollte, sondern mit Hilfe der Grundthese der Existenz von Atomen spekulativ weiterbaute. Nach Aussage moderner Forscher spielt die Spekulation noch heute eine sehr wichtige Rolle, auch in der naturwissenschaftlichen Forschung.

Die Atomistik gewann in der Neuzeit ihre überragende Bedeutung aber erst, als sie in der kinetischen Gastheorie von Bernoulli 1738, dann in der Chemie und schließlich in der Elektrizitätslehre zur Erklärung beobachteter Phänomene beigezogen wurde.

Seneca

»Nirgends ist, wer überall ist«

Seneca als Ratgeber

Der römische Philosoph Seneca (1. Jahrhundert n. Chr.) stammte aus Cordoba in Spanien, kam aber in frühen Jahren nach Rom. Nach rhetorischen und philosophischen Studien wurde er zunächst Politiker. Er übernahm die rhetorische Ausbildung des elfjährigen Nero und gehörte in den ersten, noch glücklichen Regierungsjahren des Kaisers zum engeren Kreis seines ehemaligen Schützlings. Die kaiserliche Gunst soll sein Vermögen um dreihundert Millionen Sesterzen vermehrt haben. Im Jahre 65 wurde er als angeblicher Mitwisser der Pisonischen Verschwörung gegen Nero zur Selbsttötung gezwungen. Trotz Senecas großem Reichtum sind seine umfangreichen Schriften, die zu einer philosophischen, Äußerlichkeiten verachtenden Lebensweise auffordern, durchaus glaubhaft. Sein Hauptwerk, die 124 Lehrbriefe an Lucilius, bildet eine unerschöpfliche Quelle für geistreiche Zitate. Die damalige rastlose und unsichere Zeit ist offenbar von der unseren nicht sehr verschieden. Jedenfalls ist Senecas Beliebtheit momentan sehr groß.

Im Brief 28 antwortet Seneca Lucilius, der sich darüber beklagt, daß er trotz ausgedehnter Reisen seine Schwermut nicht ablegen könne, mit einem wahren Feuerwerk von knappen, einprägsamen Sätzen. Diese beschließen jeweils eine kurze argumentative Phase. So empfiehlt er ihm unter anderem: *»Animum debes mutare, non caelum«* (den Sinn mußt du ändern, nicht das Klima, die Umgebung). *»Sequentur te, quocumque veneris, vitia«* (Es folgen dir, wohin du auch gehst, deine Fehler). *»Tecum fugis«* (mit dir zusammen fliehst du). *»Magis, quis veneris, quam quo, interest«* (es ist wichtiger, als *wer* du reisest, als *wohin*). *»nunc non peregrinaris, sed erras«* (Nun reisest du nicht, sondern du irrst umher). — Wir reisefreudigen und nicht minder problembeladenen Zeitgenossen sind direkt angesprochen.

Abb. 34: Rekonstruktion eines römischen Reisewagens. *Köln, Römisch-Germanisches Museum.*

Auch Brief 2 handelt von einer Unstetigkeit, von der geistigen. Lucilius läßt sich offenbar zu sehr von unsteter, ständig wechselnder Lektüre verwirren. Erster Ratschlag: *»secum morari«* (bei sich selber bleiben). Dann: *»Nusquam est, qui ubique est«* (Nirgends ist, wer überall ist). *»Non convalescit planta, quae saepe transfertur«* (Die Pflanze gedeiht nicht, die oft umgepflanzt wird). *»Itaque, cum legere non possis, quantum habueris, satis est habere, quantum legas«* (Deshalb, da du nicht soviel lesen kannst, wie du hast, genügt es, soviel zu haben, wie du liest). — Wem geht es nicht ebenso mit seiner überbordenden Bibliothek? — Ins Allgemeine gewendet, lauten die Empfehlungen am Schluß des Briefes: *»Non qui parum habet, sed qui plus cupit, pauper est«* (Nicht wer sehr wenig hat, sondern wer mehr begehrt, ist arm) und auf die fiktive Frage, welches das Maß des Besitzes sei, antwortet Seneca: *»Primus (modus), habere, quod necesse est, proximus, quod sat est«* (Erstens, zu haben, was notwendig ist, darauf, was gut ausreicht).

Natürlich kümmert sich Seneca auch um das Zusammenleben der Menschen. Im Brief 103 lesen wir dazu eine recht pointierte Meinung. »Was sorgst du dich«, sagt er zu Lucilius, »um Gefahren wie Feuersbrunst, Schiffbruch oder Verkehrsunfall (vehiculo everti — aus dem Fahrzeug kippen)«: *ab homine homini cotidianum periculum* (vom Menschen droht dem Menschen tägliche Gefahr). Selbst wilde Tiere greifen uns nicht von sich aus an, aber *homini perdere hominem libet* (dem Menschen gefällt es, den Menschen zugrunde zu richten).

Ähnlich pessimistisch im Brief sieben: Nach einem Zirkusbesuch meint er, er verlasse die brutale Stätte *»inhumanior, quia inter homines fui«* (unmenschlicher, weil ich unter vielen Menschen war). Diese Gedanken wurden vom Komödiendichter Plautus (um 200 v. Chr.) mit dem bekannten Spruch vorbereitet: *»homo homini lupus«* (der Mensch ist dem Menschen ein Wolf).

Dem oben geschilderten Ist–Zustand stellt Seneca in Brief 95 den Soll-Zustand entgegen: *homo homini sacra res* (Der Mensch ist dem Menschen eine heilige Sache).

Auch die Schule kann nach der Meinung Senecas nichts zum guten Leben beitragen: *»Non vitae, sed scholae discimus«* (Nicht für das Leben, sondern für die Schule lernen wir). »Kinderspiele sind's, die wir da spielen. An überflüssigen Problemen stumpft sich die Schärfe und Feinheit unseres Denkens ab; derlei Erörterungen helfen uns ja nicht, richtig zu leben, sondern allenfalls, gelehrt zu reden. Lebensweisheit liegt offener zutage als Schulweisheit« (Brief 106). Pointiert zeigt er dies auch im Brief 88 anhand der Geometrie. *»Scis, quae recta linea sit. Quid in vita rectum sit, nescis«* (Du weißt, was eine gerade Linie ist. Was im Leben gerade [richtig] ist, weißt du nicht). Der Ausspruch Senecas über das Leben und die Schule wurde später von unbekannter Seite umgekehrt (es muß wohl ein Lehrer gewesen sein!): *»non scholae, sed vitae discimus«* — nicht für die Schule, sondern für das Leben lernen wir.

Abb. 35: Römischer Meilenstein, *im 16. Jahrhundert als Stützpfeiler in die Kirche St. Saphorin (VD) eingebaut. Distanzangabe: F (C) A XXXVII (a Foro Claudii Augusti milia passuum XXXVII - 37 Meilen von Martigny).*

Das Schicksal

»Den Willigen führt das Schicksal, den Widerstrebenden schleppt es mit«

Den römischen Philosophen Seneca haben wir bereits vorgestellt. Im folgenden lassen wir ihn nochmals zu Wort kommen. Im Brief 107 an Lucilius legt er seinen stoischen Schicksalsbegriff dar (siehe Titel). Dieser ist fatalistisch (fatum = das unabänderliche Schicksal) oder deterministisch (vorbestimmt). »Was geht das uns an?«, werden Sie als aufgeklärter Mensch sagen. Doch Stimmen von bedeutenden Zeitgenossen lassen uns aufhorchen. Sie werden im zweiten Teil dieses Kapitels zu Wort kommen.

»Alle können wir dasselbe erleiden«, sagt Seneca, *»nam etiam, quod effugit aliquis, pati potuit«* (denn auch, was einer umgehen konnte, hätte er erleiden können). *»Aequum autem ius est, non quo omnes usi sunt, sed quod omnibus latum est«* (Gleiches Recht / Bedingung ist nicht, was alle erfahren haben, sondern, was allen als möglich hingestellt ist). *»Imperetur aequitas animo et sine querella mortalitatis tributa pendamus«* (Dem Geist soll Gleichmut auferlegt werden, und wir wollen ohne Klage den Tribut der Sterblichkeit zahlen). *»Quaecumque fiunt, debuisse fieri putet, nec velit obiurgare naturam«* (Was auch immer geschieht, davon soll der Mensch glauben, es habe geschehen müssen, und er soll nicht der Natur Vorwürfe machen). *»Malus miles est, qui imperatorem gemens sequitur«* (Der ist ein schlechter Soldat, der dem Feldherrn seufzend folgt). Und zu guter Letzt übersetzt Seneca ein Zitat des griechischen Stoikers Kleanthes, das er in vollendeter Symmetrie der Wörter mit einem lateinischen Vers präsentiert: *»Ducunt volentem fata, nolentem trahunt«* (Den Willigen führt das Schicksal, den Widerstrebenden schleppt es mit). Seneca liefert sich aber nicht, wie man aus den Zitaten vielleicht schließen könnte, willenlos dem *fatum* aus, sondern als aktiver und willensstarker Mensch nutzt er seine Möglichkeiten innerhalb des gesteckten Rahmens voll aus: *»Praeparetur animus contra omnia«* (Der Geist möge gegen alles vorbereitet werden). »Nichts soll uns unerwartet treffen«.

Abb. 36: Seneca

Überspringen wir einige Jahrhunderte und lesen, was Alexander Solschenizyn in »August Vierzehn« sagt. In einem sokratischen Gespräch zwischen dem alten Warsonofjew und zwei Studenten, das als intellektueller Brennpunkt des Romans gelten darf, heißt es: »Die Geschichte ist wie ein lebendiger Baum. Und die Vernunft ist für sie eine Axt, mit Vernunft werden Sie ihr Wachstum nicht fördern können. Oder, wenn Sie wollen, die Geschichte ist ein Fluß, der seinen eigenen Gesetzen in Strömungen, Schleifen und Strudeln folgt. Aber da kommen die Neunmalklugen und erklären, er sei ein fauliger Teich und müßte in ein anderes, besseres Bett umgeleitet werden, es käme nur auf die richtige Stelle für den neuen Graben an.

Aber ein Fluß, das Strömen, läßt sich nicht unterbrechen, zerreißen, nicht für einen Zoll — dann gibt es ihn nicht mehr.« Und: »Aus einem Gefecht, das gegen dessen Willen erzwungen wird, kann nichts anderes als Verwirrung entstehen. Kriegsgeschehen verläuft sowieso unabhängig, so, wie es verlaufen muß, ohne mit dem übereinzustimmen, was Menschen sich ausdenken; es gibt einen unvermeidlichen Lauf der Ereignisse, und jener Feldherr ist der beste, der darauf verzichtet, Einfluß auf diese Ereignisse zu nehmen.« — Das bedeutet nun aber nicht, daß der kommende WK keinen Sinn mehr hätte ...

Eine Art von naturwissenschaftlichem Determinismus vertritt der bekannte Zürcher Psychologe Leopold Szondy. Nach seiner Lehre sind bedeutende Handlungen und Ereignisse im menschlichen Leben wie z.B. Partnerwahl und Todesart im Prinzip (genetisch) vorbestimmt. In eindrücklichen Beispielen legt er eine »condition humaine« dar, die einen beklommen zurücklassen kann.

Sprichwörter

»Geflügelte Worte«

Sprichwörter, die das Leben schrieb

Seit 1864 erlebte der bekannte »Büchmann« über dreißig Auflagen. Noch heute ist dieses Sprichwörterlexikon unentbehrlich und unterhaltsam. Georg Büchmann, 1822 in Berlin geboren, war ein Sprachgenie. Neben Hebräisch, Griechisch und Latein beherrschte er sieben moderne Fremdsprachen. Seine ungewöhnliche Belesenheit machte ihn zu einem »wandelnden Lexikon« (siehe unten). *»Geflügelte Worte«* setzte er als Titel über sein Werk. Er übernahm damit einen homerischen Begriff. In der Ilias und der Odyssee wird eine Rede häufig folgendermaßen angekündigt: »Und er sprach die geflügelten Worte«. Hier ist aber das »geflügelt« noch ursprünglich zu verstehen: Die Worte fliegen wie mit Flügeln versehen von Mensch zu Mensch. Vielleicht hat diese Anschauung etwas zu tun mit der Vorstellung alter Völker von der geflügelten Seele. Bei den Ägyptern z.B. konnte die Seele des Verstorbenen in Form des geflügelten Ba die Lebenden bei Tag besuchen. Erwähnt sei auch noch das Seelenfensterchen an Innerschweizer– und Walserhäusern, das nur beim Tode eines Hausbewohners geöffnet wurde. — Einige dieser homerischen Aussagen wurden später »geflügelt«, d.h. allgemein bekannt und gebraucht, und darauf stützte sich eben Büchmann.

Zum *»wandelnden Lexikon«*: Longinos (3. Jh.) sagte von seinem Lehrer, dem Philosophen Porphyrius, er sei eine »bibliothéke émpsychos« und ein »peripatûn museîon«, eine lebende Bibliothek und eine wandelnde Universität. Zum Adjektiv »émpsychos« (lebendig): Griech. »psyché« bedeutet ursprünglich »Atem«, »Leben«, ebenso wie anima und spiritus im Lateinischen. In Anlehnung daran schuf E. T. A. Hoffmann den Begriff »ein lebendiges Conversations-Lexikon«. Später wurde »das wandelnde Lexikon« geflügelt.

Abb. 37: Ganymed. *Griechischer Krater (Mischgefäß), um 480 v. Chr.*

Ebenfalls griechischen Ursprungs ist der geläufige Begriff *»der springende Punkt«*. Aristoteles (4. Jh. v. Chr.) sagte in seiner Tierkunde, daß sich im Weißen des Eies das Herz »als ein Blutfleck« anzeige; »dieser Punkt hüpft und springt wie ein Lebewesen«. Griechisch heißt der erste Teil der Aussage: »Stigmè haimatíne en to leukò kardía« (Ein blutiger Punkt im Weißen (ist) das Herz). Alle zitierten griechischen Begriffe sind als Fremdwörter im Deutschen vorhanden: »Stigmé«, der Punkt, ist verwandt mit dem Fremdwort »Stigma«, Stich, Brandmal. »Haimatíne« ist Adjektiv zu »haîma«, Blut (Hämatologie, Leukämie), »en« entspricht dem deutschen »in«, »leukós« heißt »weiß« (»Leuk–ämie« bedeutet ein Zuviel an weißen Blutkörperchen, urverwandt mit lat. lux und dt. Licht). »Kardía«, das letzte Wort des Satzes, ist das Herz (Kardiologie) und ist ebenfalls urverwandt mit dem deutschen Begriff. Dieser springende Punkt ist der Lebenspunkt, der Punkt, auf den alles ankommt.

Auf den griechischen Fabelerzähler Aesop gehen einige Sprichwörter zurück, so auch der Ausspruch *»Eine Schwalbe macht noch keinen Sommer«*. Gemäß Aesop verkaufte ein junger Mann, nachdem er seine Habe bis auf den Mantel bereits durchgebracht hatte, auch diesen, als er die erste Schwalbe im Frühling heimkehren sah; denn nun werde es ja bald Sommer. Als es aber dann noch einmal so kalt wurde, daß die Schwalbe erfror, fühlte sich der leichtsinnige Mensch betrogen und schalt das unschuldige Schwälbchen. Hieraus stammt wohl das bei Aristoteles überlieferte »Eine Schwalbe macht noch keinen Frühling«, wobei später statt dem Frühling meist der Sommer genannt wurde.

Eine ähnlich schöne Geschichte liegt der sprichwörtlichen Redensart *»nach jemandes Pfeife tanzen«* zugrunde. Auch wieder nach Aesop versuchte ein Fischer vergeblich, durch Flötenspiel die Fische zu sich zu locken. Schließlich greift er zum Netz und sagt dann zu den gefangenen und vor ihm auf dem Strand umherhüpfenden Fischen: »O ihr schlechten Tiere, als ich flötete, wolltet ihr nicht tanzen, nun, da ich aufgehört habe, tut ihr's.« Der Evangelist Matthäus 11,17 verkürzte das aesopische Wort. Luther übersetzte die Stelle mit »Wir haben euch gepfiffen, und ihr wolltet nicht tanzen«.

Ständige Aktualität hat das lateinische Sprichwort *»Si vis pacem, para bellum«* (Wenn du Frieden willst, bereite Krieg vor). Wie viele andere Sprichwörter liegt es ursprünglich nicht in dieser prägnanten Form vor. Der römische Militärschriftsteller Vegetius formulierte: »Qui desiderat pacem, praeparet bellum« (Wer den Frieden wünscht, bereite den Krieg vor!). Nach diesem »para bellum« wurde übrigens im 19. Jh. eine Pistole benannt, die Parabellum.

»Nomen est omen« (Name ist Vorzeichen) geht wahrscheinlich auf Plautus zurück. In seiner Komödie »Persa« rät der Sklave Toxilus seinem Herrn, dem Kuppler Dordalus, ein Mädchen namens Lucris zu kaufen: »Nomen atque omen quantivis iam est pretii« (Der Name und seine Bedeutung ist allein schon jeden Preis wert). Das lateinische Substantiv »lucrum« bedeutet »Gewinn«; der Name Lucris verheißt »lukrative« Geschäfte!

***Abb. 38: Römische »Taschenuhr«.** Nachbildung, im Verkauf des Vindonissa-Museums, Brugg. Die Zeit wurde bei dieser Uhr nach der* Höhe *der Sonne bestimmt.*

Carpe diem

Latein im Alltag

Lateinische Sprichwörter und Redewendungen verfolgen uns auf Schritt und Tritt. So titelte das Aargauer Tagblatt vor einiger Zeit beim WM–Sieg des Schweizer Kugelstoßers Werner Günthör: »Werni, Vidi, Vici«. Der zuständige Sportredaktor hat dabei eine beachtenswerte Kugel gestoßen. *»Veni, vidi, vici«* (ich kam, sah und siegte) soll Caesar bei Siegen in den Jahren 47 und 46 v. Chr. im östlichen Mittelmeer gesagt haben. Die brillante Formulierung ist ein Musterbeispiel für die lapidare Kürze der lateinischen Sprache.

»Alea iacta est«, ebenfalls Caesar zugeschrieben, wird meistens mit »die Würfel sind gefallen« übersetzt. Caesar gebrauchte dabei aber ein verbreitetes griechisches Sprichwort, das von seinem griechischen Biographen Plutarch zitiert wird: »Kybos anerriphto!« (der Würfel sei hochgeworfen!). Er wollte damit ausdrücken, *daß das Wagnis eingegangen sei*, und nicht, daß die Sache entschieden sei. Mit der Überschreitung des (wahrscheinlich mit dem Fiumicino gleichzusetzenden) Rubicon in Etrurien, der damals die Grenze Italiens zur cisalpinischen Provinz Oberitaliens bildete, eröffnete Caesar den Bürgerkrieg gegen Pompeius.

»Non olet« (es stinkt nicht) illustriert die phantasievolle Steuerpolitik des Kaisers Vespasian. Bei der Steuer dürfte es sich um eine den Walkern und Gerbern auferlegte Abgabe für die gewerbliche Nutzung des Urins aus den öffentlichen Bedürfnisanstalten gehandelt haben. Vespasians Sohn Titus soll dem Vater einmal Vorwürfe wegen dieser Urinsteuer gemacht haben. Da habe ihm dieser eine Handvoll Münzen der ersten Steuerabgabe unter die Nase gehalten und ihn aufgefordert zu sagen, ob ihn der Geruch des Geldes störe. Als der Sohn verneinte, fügte Vespasian hinzu: »Und doch ist es aus Urin«. Das »non olet« stammt jedoch nicht von dem diese Story

erzählenden Historiker Sueton. Wer es geprägt hat, ist unbekannt, aber es ist treffend formuliert.

»Fac totum« (mach alles) wurde eingedeutscht als »Faktotum« in der Bedeutung »Helfer in allen Dingen, Mädchen für alles«. *»Conditio sine qua non«* ist eine Bedingung, ohne die (etwas Bestimmtes) nicht eintreten kann, eine unerläßliche Bedingung. Eine *»ultima ratio«* ist das letzte Mittel, der letzte Ausweg. Angeblich hat Kardinal Richelieu, der unumschränkt herrschende französische Staatsmann, alle Kanonen, die während seiner Amtsführung (1624–1642) hergestellt wurden, mit dieser Inschrift versehen lassen. A propos Kanone: Die Redewendung *»unter aller Kanone«* hat nichts mit einer Kanone zu tun, obwohl auch dieses Wort letztendlich einen lateinischen Vorfahren hat (aus canna, Rohr). Das griechische »kanón« heißt etwa Richtschnur. Die Römer übernahmen es als Fremdwort. Später bezeichneten die »canones« kirchliche Rechtssätze (vgl. das Adjektiv »kanonisch«). Deutsche Studenten haben bei der Übersetzung des lateinischen Ausdrucks »sub omni canone« (»jenseits jeder Vorschrift«, »unter aller Kritik«) das letzte Wort einfach lateinisch belassen und damit wohl bewußt eine falsche Assoziation hervorgerufen.

»Carpe diem« (pflücke, genieße den Tag) ist eine Devise des römischen Dichters Horaz. In dem eindrücklichen kurzen Gedicht 2,11 spricht er zu einer imaginären Freundin namens Leuconoe (»helles Köpfchen«) von der Vergänglichkeit des Lebens. Vers 5 ff.:

... Sapias, vina liques, et spatio brevi
spem longam reseces. Dum loquimur, fugerit invida
aetas. Carpe diem, quam minimum credula postero.

(Sei weise, kläre [genieße] den Wein, und, in kurzem Abstand, schneide die lange Hoffnung zurück. Während wir sprechen, flieht die neidische Zeit. Genieße den Tag, so wenig wie möglich dem folgenden trauend).

Abb. 39: Carpe diem? *Ein deutscher Wirt sieht es anders: »Carpe noctem« (Genieße die Nacht). Photo: Jürgen Offenbach.*

Die lächerliche Maus

Sprichwörter von Horaz

Der augusteische Dichter Horaz (65 – 8 v. Chr.) hat uns eine Menge gängiger Sprichwörter überliefert. Bekannt ist etwa die *»lächerliche Maus«*. In seiner »Dichtkunst« (ars poetica 139) heißt ein Hexámeter: Párturiúnt montés, nascétur rídiculús mus (es kreißen [gebären] die Berge, geboren wird eine lächerliche Maus). Horaz warnt damit seine jungen Dichterkollegen vor großen Versprechungen, auf die oft ein klägliches Resultat folgt. Zu beachten ist bei diesem Hexameter (sechsfüßiger Vers), daß er wider die Regel mit einem einsilbigen Wort endet. Damit will der Dichter aber gerade das klägliche Resultat verbildlichen (oder besser: zum Klingen bringen).

Im selben Werk lesen wir das bekannte *»in medias res«* (mitten in die Dinge hinein). Horaz meint, der gute epische Dichter müsse gleich zu Beginn mitten in eine Erzählung hineinsteuern und nicht »gemino ab ovo« (bei Adam und Eva) beginnen. Dies sieht man deutlich in Homers Odyssee, wo die Handlung kunstvoll in zwei Strängen beginnt, die beide im chronologischen Ablauf spät anzusetzen sind (Telemachos, der seinen Vater sucht und Odysseus' Aufenthalt bei Kalypso). Von den vorangegangenen Abenteuern erfahren wir dann etwas später aus dem Mund des Odysseus, wenn er bei einem Gastmahl der Phäaken weit ausholend seine Irrfahrten erzählt.

Das oben erwähnte »(gemino) *ab ovo*« (vom [Zwillings–] Ei an) zielt auf die Ursprungsgeschichte des trojanischen Krieges ab. Zeus hatte sich nach dem Mythos in einen Schwan verwandelt und sich der Leda genähert. Nach ihrer Vereinigung gebar Leda in einem einzigen Ei neben Kastor und Polydeukes auch die schöne Helena. Um ihretwillen war es in der Folge zum trojanischen Krieg gekommen. Horaz illustriert mit dem Beispiel, daß ein guter epischer Dichter nicht mit dieser am Anfang liegenden Handlung beginnen, sondern, wie es Homer auch in der Ilias tat, mitten ins Geschehen hineinführen soll. Wenn wir das Sprichwort zitieren, lassen wir das »gemino« weg und sagen »ab ovo«, von Beginn an, von Adam und Eva an.

»Tua res agitur« (auch um deine Sache geht es) stammt ebenfalls von Horaz. Der Hexameter endet mit »paries cum proximus ardet« (wenn die nächste Wand brennt, wenn die Wand zum Nachbarhaus brennt). Der Spruch wird meistens als moralische Aufforderung verstanden: Kümmere dich um die Probleme der anderen, denn sie könnten auch dich treffen. Vom Golfkrieg her gesehen, hat die Aussage globale Bedeutung — die Wand muß nur mit dem Öl vertauscht werden.

Ähnliches sagt ein Sprichwort des römischen Komödiendichters Terenz aus: *»Homo sum, humani nihil a me alienum puto«* (ich bin ein Mensch, nichts Menschliches ist mir fremd). In der Komödie »Heautontimorumenos« (der Selbstquäler) verwahrt sich damit der alte Chremes, der seinen neuen Nachbarn Menedemus über den Gartenzaun hinweg mitfühlend auf seine auffällige Selbstquälerei angesprochen hat, gegen dessen abweisende, verletzende Gegenfrage: »Lassen dir denn deine eigenen Dinge so viel Zeit übrig, daß du dich um fremde Dinge kümmern kannst, die dich gar nichts angehen?« Dieses schlichte Bekenntnis zur Menschlichkeit von Chremes geht wahrscheinlich, wie das ganze Stück, auf den griechischen Komödiendichter Menander zurück.

An anderer Stelle gibt Horaz einen brauchbaren Ratschlag: *»Dimidium facti, qui coepit, habet«* (Die Hälfte der Arbeit hat, wer begonnen hat). Dieses ursprünglich griechische Sprichwort wird im Deutschen mit »Frisch gewagt ist halb gewonnen!« wiedergegeben. Ein späterer lateinischer Autor, Ausonius, spinnt den Gedanken weiter und kommt zum überraschenden und überzeugenden Ergebnis: »Fang noch einmal an, und du hast's!«.

In den Satiren von Horaz treffen wir folgenden Spruch: *»Ridendo dicere verum* (quid vetat?)« — (Lachend die Wahrheit zu sagen, was hindert uns daran?). Hier spricht der überlegene epikuräische Geist von Horaz. Damit vergleichbar ist der Ausspruch eines typischen

Engländers. Anläßlich der »Tavistock–Lectures« von C. G. Jung in London gab J. A. Hatfield eine Einleitung in die zweite der fünf Vorlesungen. Er blickte dabei auf die erste tiefschürfende, aber humorvolle Vorlesung Jungs zurück und sagte: »Tierischer Ernst in bezug auf irgendeinen Gegenstand läßt sehr oft darauf schließen, daß der Betreffende an der Wahrheit dessen, was er einem mitzuteilen gedenkt, selber zweifelt.«

Zum Schluß ein lapidarer, aber beachtenswerter Spruch des alten Cato (um 180 v. Chr.): *»Rem tene, verba sequentur«* (Halte die Sache fest, die Worte werden folgen). Er will damit wohl ausdrücken, daß das Beherrschen eines Gegenstandes entscheidend sei, nicht die rhetorische Ausformung; die gelungene Präsentation ergebe sich automatisch, wenn der Stoff à fond beherrscht werde. Man könnte von hier aus leicht weiterführen zu einer anderen wichtigen »Weisheit«: Bei jeder Problemlösung sollst du zuerst in aller Ruhe und mit größter Genauigkeit die Aufgabenstellung analysieren und zu verstehen versuchen; oft ergibt sich die Lösung dann fast von selbst. (Ein guter Tip für geplagte Mathematikschüler!)

Abb. 40: »Leda atomica« *Salvador Dalì, 1949*

Skylla und Charybdis

Griechische Mythologie sprichwörtlich

Die Skylla war nach dem Mythos ein Meeresungeheuer, das zusammen mit der Charybdis eine Meerenge sperrte. Auf der einen Seite saugte die Charybdis dreimal am Tage das Meerwasser auf und stieß es laut brüllend wieder hervor. Auf der anderen Seite bedrohte Skylla, ein Untier mit sechs Köpfen und zwölf Füßen, die vorbeifahrenden Seeleute. Odysseus verlor bei der Durchfahrt durch die Meerenge sechs Mann, die von der Skylla gefressen wurden. Die sprichwörtliche Redeweise *»zwischen Skylla und Charybdis«* drückt aus, daß man zwischen zwei Gefahren schwebt, oder, einer Gefahr ausweichend, in eine andere gerät. Schon Aristoteles (4. Jh. v. Chr.) hat diese Stelle bei der Meerenge von Messina (zwischen Italien und Sizilien) lokalisiert und den richtigen Schluß gezogen, daß die Ursache dieser tödlichen Gefahr gegenläufige Strömungen sein könnten. Neuere Forschungen bestätigen, daß diese Meerenge besondere Strömungen aufweist, weil sich dort zwei Meere berühren. Forscher der Universitäten von Hamburg und Rom haben anhand von Bildern des amerikanischen Forschungssatelliten »Seasat« dieses Phänomen studiert. »Bei der Gezeitenumkehr wird nämlich salzhaltigeres und damit schwereres Wasser aus dem Ionischen Meer durch die Straße von Messina gedrückt und prallt auf das langsam zurückweichende leichte Wasser des Tyrrhenischen Meeres. Dadurch wird die Grenzfläche nach unten gepreßt und der gesamte Wasserkörper in Schwingungen versetzt, was die seit altersher bekannten problematischen Strömungen in dieser Wasserstraße erklärt« (NZZ 7.9.1983). Andererseits gibt der bekannte Wiener Altphilologe A. Lesky zu bedenken, daß die meisten Abenteuer des Odysseus nicht zu lokalisieren sind. Homer selber gebe uns den Schlüssel zu dieser Tatsache, indem er Odysseus und seine Gefährten nach Umschiffung des Kap Malea, der Südspitze des Peloponnes, neun Tage lang segeln läßt, bis sie zu den sagenhaften Lotophagen gelangen und dann die übrigen phantastischen Abenteuer bestehen (Od. 9,82). Die Zahl neun sei eben eine symbolische Zahl und bedeute »sehr viel« (dreimal die erste richtige Mehrzahl drei). Homer wolle damit andeuten, daß Odysseus nach Verlassen der realen Welt (Troja — Ismaros — Kap Malea) jetzt in eine märchenhafte Welt eintaucht, bis er dann, wiederum mit der Neunzahl, von der Insel der Kalypso her in die eher reale Welt der Phäaken und dann in sein heimatliches Ithaka zurückkehrt.

Der Ausdruck *»panischer Schrecken«* geht ebenfalls auf die Griechen zurück. Der Gott Pan war am ganzen Leibe behaart und hatte Ziegenhörner und Ziegenfüße. Er stammte aus dem ländlichen Arkadien im Peloponnes und war der Gott der Hirten und Jäger, ursprünglich wohl, wie viele andere Götter, ein Tier, das als Totem (übelabwehrendes Objekt) verehrt wurde. Unter den weidenden Tierherden, aber auch bei den Menschen, rief Pan in der sommerlichen Mittagsstille durch sein überraschendes Erscheinen den nach ihm benannten panischen Schrecken hervor. Die Athener schrieben die Flucht des Perserheers bei Marathon 490 v. Chr. der Hilfe des Pan zu und führten den Kult des Gottes in Athen ein.

Wenn man etwas in ein *»Prokrustesbett«* zwingt, preßt man es in ein unnatürliches Schema und ändert den Gegenstand gewaltsam ab. In Eleusis (zwischen Athen und Korinth) lebte der Sage nach der gewalttätige Räuber Prokrustes, welcher Reisende überfiel und sie in sein Bett zwängte, die Großen durch Abschneiden der Füße und die Kleinen, indem er sie dehnte! Die Geschichte gehört zum Mythos des Theseus. Dieser athenische Nationalheld war eine Konkurrenzfigur zum viel bekannteren und beliebteren Herakles (lat. Herkules) und gehört einer jüngeren mythologischen Schicht an. Die Athener hatten offenbar das Bedürfnis, dem ursprünglich peloponnesischen Heros Herakles etwas Eigenes gegenüberzustellen. Statt zwölf Taten wie Herakles mußte Theseus nur deren sechs erfüllen — aber was für welche! Neben der Beseitigung des oben erwähnten Prokrustes sei noch die Überwältigung des wegelagernden Riesen Sinis genannt. Er hatte die unangenehme Gewohnheit, seine über den Isthmos von Korinth reisenden Opfer an zwei niedergebeugten Fichten anzubinden und von den hochschnellenden Bäumen zerreißen zu lassen. Natürlich beseitigte Theseus alle sechs Übeltäter. Diese »sophistischen« (ausgeklügelten) Greueltaten lassen, wie schon erwähnt, auf eine relativ späte Entstehung des Mythos schließen, während die klassischen zwölf Taten des Herakles problemlos ins mythologisch–märchenhafte Schema passen. Ein richtiger Held besiegt nämlich in der Regel urtümliche Monster, z.B. einen Drachen. Aus der Heraklessage ist noch heute der Begriff der *»Hydra«* bekannt, der man die Köpfe abschlägt. Herakles besiegte die neunköpfige Wasserschlange von Lerna in der Argolis, bei welcher für jeden abgeschlagenen Kopf zwei neue nachwuchsen. Auch heute gibt es noch auf verschiedenen Gebieten »Hydren« zu beseitigen!

Abb. 41: Herakles (im Löwenfell) tötet die Hydra. *Attische Schale um 520 v. Chr.*

Literatur: Einen guten Überblick über die griechische Mythologie bietet das Büchlein »Griechische Sagen« von Rudolf Fischer, Edition Piscator, 4515 Oberdorf. Umfangreicher und einiges kostspieliger ist der Klassiker Herbert Hunger, »Lexikon der griechischen und römischen Mythologie«, Verlag Hollinek, Wien. Das Buch ist ein Lexikon, in dem die Sagenfiguren in alphabetischer Reihenfolge besprochen werden. Neben der Schilderung des Mythos finden sich eine religionsgeschichtliche Deutung der Quellenangaben, und, besonders interessant, Folgebearbeitungen in Malerei, Literatur und Musik bis auf den heutigen Tag. Das Buch wurde immer wieder nachgeführt; die letzte Bearbeitung erfolgte 1991.

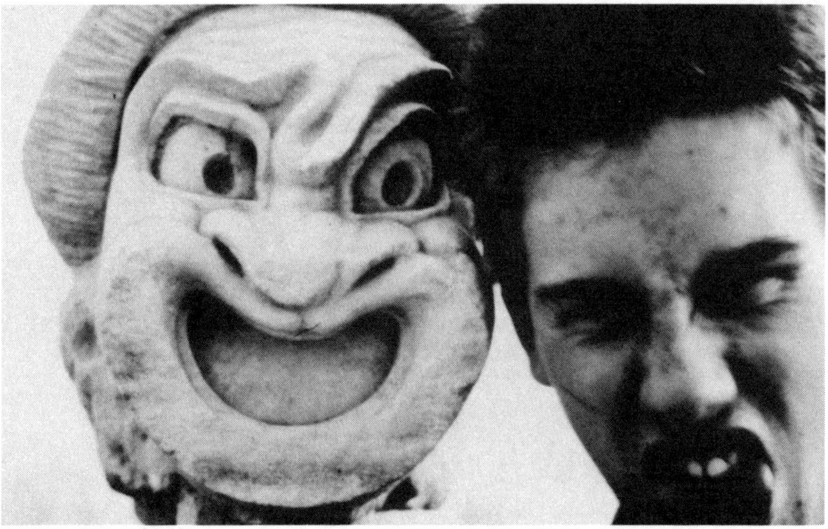

Abb. 42: Griechische Theatermaske *und nachempfindender Kantonsschüler (heute im Theaterwesen tätig). Athen, Archäologisches Nationalmuseum. Photo Urs Lehmann.*

Homerisches Gelächter

Wie ein Epos entsteht

Bei Homer lachen die Götter gern. So heißt es in der Ilias und der Odyssee an mehreren Stellen: »Unauslöschliches Gelächter erhob sich unter den seligen Göttern.« Nach diesen Stellen ist das »homerische Gelächter« sprichwörtlich geworden. Besonders köstlich ist eine entsprechende Geschichte im achten Gesang der Odyssee. Am Hof des Phäakenkönigs Alkinoos wird zu Ehren des noch unerkannten Odysseus ein Gastmahl zelebriert. Dabei hört man auch dem blinden Sänger Demodokos zu (eine Parallelfigur zu Homer selber). Dieser gibt eine Liebesromanze zwischen Ares und Aphrodite zum besten.

Abb. 43: Ares und Aphrodite*. Aus Ton, unsichere Herkunft. Wahrscheinlich die einzige erhaltene Darstellung der in diesem Kapitel geschilderten Episode.*

Da der Gatte von Aphrodite, Hephaistos, der Schmiedegott, hinkte und auch sonst nicht vor Liebreiz strotzte, war Aphrodite einer Romanze mit dem attraktiven olympischen »Kriegsminister« Ares nicht abgeneigt. »Komm, Geliebte, aufs Lager; wir legen uns nieder zur Freude; nicht mehr zuhause ist unser Hephaistos; er weilt schon in Lemnos.« Aber, wie es kommen mußte: Hephaistos hatte davon erfahren. Sofort schmiedete er listig ein Netz wie ein Spinnengewebe, das die beiden Liebenden das nächste Mal umgarnte und unausweichlich festhielt. Darauf rief er die Götterkollegen zur Besichtigung seines Werks und der Untat. Sämtliche kamen, »nur die Göttinnen, schamvoll, blieben zuhause«. Wie die Götter nun die Bescherung sahen, erhob sich unter ihnen das schon erwähnte unauslöschliche Gelächter. Während der Diskussion über das Gesehene fragte Apollon Hermes: »Möchtest du wohl auch im Bett der goldenen Aphrodite schlafen, gezwängt und gedrängt von unzerreißbaren Fesseln?« Ihm antwortete darauf der Seelengeleiter Hermes: »Würde dies doch geschehen ... und sollten dreimal soviele, zahllose Fesseln rundum mich umschnüren; sähet auch ihr dabei zu, ihr Götter, Göttinnen alle: Ja, ich schliefe gern bei der goldenen Aphrodite!« Und es erhob sich natürlich wiederum unauslöschliches ...

Die Mythen verkörperten die religiösen Vorstellungen der Griechen. Die Geschichte von Ares und Aphrodite war also ein Teil der griechischen Religion, welche lebensfroh, tolerant und in dauerndem Wandel begriffen war. Es gab keine von einer religiösen Instanz festgelegten heiligen Schriften. Die Mythen wurden dauernd variiert.

Wenn bei Homer dieselbe Handlung immer mit etwa denselben Worten wiedergegeben wird, so hat dies nicht mit Phantasielosigkeit, sondern mit der speziellen Arbeitstechnik der ursprünglich mündlichen Ependichter zu tun. Parry und Lord, zwei amerikanische Forscher, sind in den Dreißigerjahren bei den damals noch lebenden serbischen und kroatischen Epensängern auf interessante Tatsachen gestoßen. Voraussetzung dafür, daß die Sänger überhaupt tätig sein konnten, war die totale Unkenntnis der Schrift — manche waren auch blind, wie es von Homer behauptet wurde. Trotzdem, oder eben gerade deswegen, unterhielten sie ihre Auftraggeber über Stunden und während Abenden mit ihren unzähligen Versen. Jeder Vers wurde aus dem Augenblick geboren. Da der Sänger aber das Gerüst der Handlung bestens kannte und die einzelnen Handlungen formelhaft vorgeprägt in seinem Gedächtnis auf Abruf »lagerten«, war er fähig, stundenlang zu rezitieren. Dies war nicht ein Auswendig–Rezitieren von schematisch Festgelegtem, sondern, um es zu wiederholen, mit Hilfe des roten Fadens der bekannten Handlung und von modulartigen Phrasen schuf der Dichter aus dem Augenblick. Zu diesen modulartigen Phrasen gehören unser »unauslöschliches Gelächter« und die bekannte »rosenfingrige Eos (Morgenröte)«. Formelhaft können einzelne Begriffe sein, halbe und ganze Verse, aber auch längere Handlungen, wobei dies aber nicht heißt daß sie wörtlich übereinstimmen. Mit feinen Variationen paßt der Sänger die Formeln der inhaltlichen und der Verssituation an. Nach Lords Meinung sind über neunzig Prozent des Textes der Ilias und Odyssee formelhaft! Aber jeder Vortrag war ein Original und leicht verschieden vom anderen. Der gute Dichter variierte und brachte mehr Ausdruck in den Vortrag, aber auch mehr aktuelle Einschübe, während der Anfänger vielleicht noch etwas holprig und schematisch dichtete. Andererseits gebraucht auch Homer noch häufig sogenannte »schmückende Beiwörter« absolut, d.h. der schnellfüßige Achill behält sein Attribut auch wenn er ruht, und Nausikaas schmutzige Kleider, die sie am Fluß waschen will, sind und bleiben, aus traditionellen Gründen, »glänzend«.

Die homerischen Werke sind nicht mehr reine mündliche Dichtung (sie sind ja geschrieben), sondern Homer bietet einen Mischungs– und Übergangszustand dar. Locker, flüssig und unbeschwert klingende Passagen vom alten (mündlichen) Stil stehen hier neben schweren und dichten Stücken mit Sätzen, die sich über fünf bis sieben Verse hin erstrecken. Das schriftliche Epos führt zu Verdichtung und Kompaktheit der Aussage (vgl. Vergils Aeneis). Aber auch sonst sind Homers Dichtungen singuläre Werke. Der Dichter hat sich vom geradlinigen rühmenden Erzählen entfernt und problematisiert die überkommenen Themen für seine Zeit, wie es später in der griechischen Tragödie geschieht.

Einen Überblick über diese Thematik bietet der Band »Homer, Tradition und Neuerung«, Wissenschaftliche Buchgesellschaft, Darmstadt 1979, mit vierundzwanzig Beiträgen. Als sensationell möchte ich das Büchlein »Homer, der erste Dichter des Abendlandes« von J. Latacz bezeichnen (Artemis 1989). Neben hervorragenden Gesamtinterpretationen von Ilias und Odyssee bringt Latacz neues Licht in die Entstehung der Epen, vor allem aufgrund von archäologischen Untersuchungen. Ein »Muß« für jeden Liebhaber und Fachmann.

Abb. 44: Blendung des Polyphem. *Hydria aus Caere (Cerveteri), um 520 v. Chr.*

Logik

Eine spezielle Pyramide

Grundbegriffe der Logik I

Wir alle halten uns im geistig wachen Zustand einigermaßen an die Gesetze der Logik, ohne daß wir diese speziell gelernt hätten. In der Regel können wir ihre Gesetze auch nicht formulieren, wenden sie aber dauernd an.

Unsere Logik wurde von den Griechen des 5. und 4. Jh. v. Chr. geprägt und hat ihre prinzipielle Gültigkeit beibehalten. Das heißt natürlich nicht, daß es daneben nicht noch andere Denkformen gibt.

Was ist Logik? Nach Immanuel Kant (1724–1804) ist die Logik die Wissenschaft, die nichts als die formalen Regeln allen Denkens ausführlich darlegt und streng beweist.

Von der Antike bis ins 19. Jahrhundert war die Logik eine eigene Disziplin im höheren Unterricht. Die aufkommende mathematische Logik drängte dann die »klassische« langsam in den Hintergrund.

Die klassische Logik beschäftigt sich mit den drei Kapiteln *Begriff, Urteil und Schluß*. Diese drei Kapitel hängen »logisch« zusammen, indem das erste von der Begriffsbestimmung handelt, im zweiten (Urteil) zwei Begriffe miteinander verbunden werden und im dritten (Schluß) drei Begriffe. So einfach ist das!

Vom Begriff wird hier die Rede sein, während wir auf das Urteil und den Schluß weiter nicht eingehen, sondern nur am Ende dieses Kapitels je ein Beispiel geben.

Ein *Begriff* ist etwas, das man »begriffen« hat (lat. conceptus von capere greifen). »Begriffen« bedeutet, daß es klar definiert wurde. Lat. *definitio* (Begriffsbestimmung) heißt eigentlich »Abgrenzung« (finire begrenzen).

Der griechische Philosoph Aristoteles (4. Jh. v. Chr.) hat die klassische Regel für die Begriffsbestimmung geliefert. Die lateinische Fassung lautet: *»definitio fiat per genus proximum et differentiam specificam«* (Die Begriffsbestimmung geschehe über die nächsthöhere Gattung und den artbildenden Unterschied). Das heißt, daß man zuerst den nächsthöheren Oberbegriff (Gattung, genus) sucht, für den Tisch z.B. »Möbel«, und dann die spezifischen Unterschiede gegenüber anderen ähnlichen Gegenständen festlegt (Möbel »mit von Beinen gestützter Platte«).

Eindeutige Definitionen sind in der Geometrie möglich. Zum Beispiel: Das Dreieck ist eine Fläche (= nächsthöhere Gattung, Oberbegriff), die durch drei sich schneidende Geraden begrenzt ist (= spezifischer Unterschied).

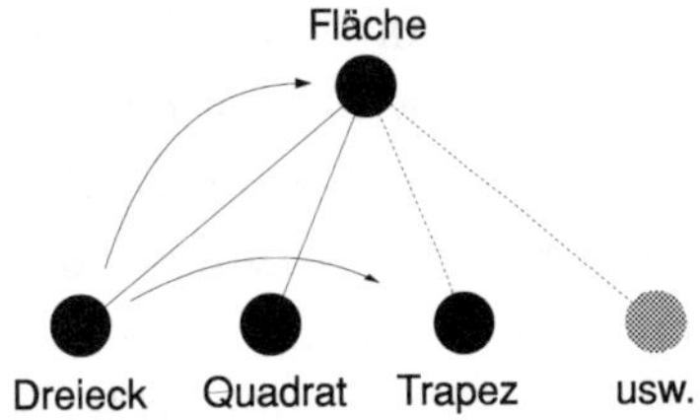

Der obere Punkt gibt die nächsthöhere Gattung an, die unteren die verschiedenen Arten (lat. species). Die beiden Pfeile verbildlichen die Handlungen, die gemäß obiger Regel auszuführen sind (1. Bestimmung des nächsthöheren Oberbegriffs — Pfeil nach oben — und 2. der spezifischen Unterschiede — Pfeil seitwärts).

Man glaubte auch, »die ganze Welt« in einer einzigen Pyramide darstellen zu können. Eine solche umfassende Pyramide kennen wir von Seneca (Brief 58). Den Namen erhielt sie aber vom spätantiken Philosophen Porphyrios (»Porphyrscher Baum«). Ihr oberster Begriff ist »das Seiende« (griech. »to on«). Lateinisch wurde dieser Begriff von Seneca mit »quod est« (alles, was existiert) umschrieben, später hieß er »ens«. Daß eine solche Vereinfachung nicht möglich ist, hat bereits Aristoteles bemerkt. Das Vorhaben muß schon aus dem einfachen Grund scheitern, daß es keine eindeutigen »Einteilungsgründe« (Kriterien) bei der Unterteilung der Gattungen gibt. So können wir »die Menschen« unterteilen nach der Hautfarbe, nach der Nationalität, nach der Nasenlänge usw. Deshalb kann nie eine einzige Pyramide entstehen sondern man müßte unzählige Pyramiden nebeneinanderstellen.

Die *Gattung (genus, Oberbegriff)* enthält mehrere Arten *(species)*. Die meisten Arten jedoch können ihrerseits auch Gattungen sein — das Dreieck kann ja in weitere Dreiecksarten unterteilt werden. Was man dann wirklich nicht mehr teilen kann, z.B. den einzelnen Menschen, bezeichneten die Griechen als *átomon* (»Atom«); das bedeutet »nicht zerschneidbar«, resp. »nicht teilbar« (vgl. Anatomie, eigentlich das Aufschneiden). Denselben Begriff verwendete der Physiker Demokrit im 5. Jh. v. Chr. für die kleinsten Teile der Materie.

Die Römer übersetzten átomon wörtlich mit *individuum* (dividere, teilen). So ist es im Deutschen zum Fremdwort »Individuum« (Einzelperson) gekommen, und zwar, weil nach dem oben erwähnten »Porphyrschen Baum« der einzelne Mensch als unteilbares Wesen auf der untersten Stufe stand.

»Spezifisch« bedeutet »artbildend«, d.h. die Art ausmachend (speciem facere). Der spezifische Unterschied ist also der Unterschied, der die »spezielle« Art ausmacht — an obigem Beispiel: Spezifisch am Dreieck ist, daß es eine Fläche (= Gattung) ist, die »durch drei sich schneidende Geraden begrenzt ist«. Spezifisch bedeutet demnach »die Art *ausmachend*«, speziell hingegen »auf eine Art bezogen, zu einer Art *gehörend*« — der Tisch ist ein »spezielles« Möbel.

Zum Abschluß je ein Beispiel eines Urteils und eines Schlußes. Ein Urteil ist z.B. folgender Satz: »Alle Menschen sind sterblich (sterbliche Wesen)«. Hier werden zwei Begriffe verbunden, wobei in beiden Fällen die Quantität variieren kann. Man unterscheidet zwischen »keinem«, »einigen« (worin »einer« eingeschlossen ist) und »allen«. — Wenn wir einen dritten Begriff hineinbringen, können wir einen Schluß bilden: »Alle Menschen (B) sind sterblich (A). Sokrates (C) ist ein Mensch (B), folglich ist Sokrates (C) sterblich

(A)«. In der ersten Prämisse (griech. Protasis) wird der Begriff (Mensch) mit dem Oberbegriff (sterbliches Wesen) verbunden. In der zweiten Prämisse wird derselbe Begriff (Mittelbegriff) mit einer nächstniederen Art verknüpft (Sokrates). Der Schluß (lat. conclusio, griech. syllogismós) vereint die dritte Stufe unmittelbar mit der ersten. Jeder Schluß ist also ein Gedankensprung über eine Gattung hinweg. Die zugrundeliegende »dreistöckige« Pyramide haben Sie sicher bereits vor Ihrem geistigen Auge! In Logiklehrbüchern kann man auf hunderten von Seiten nachlesen, welche Differenzierungen, Mechanismen und Komplikationen beim Urteil und beim Schluß möglich sind.

Das komplizierte Erbe

Grundbegriffe der Logik II

Im letzten Kapitel wurde dargelegt, wie gemäß Aristoteles die Begriffsbestimmung zu erfolgen habe: Man suche zuerst die nächsthöhere Gattung (Allgemeines, Oberbegriff, lat. genus proximum) und bestimme darauf den spezifischen Unterschied der zu definierenden Art gegenüber anderen Arten auf der gleichen Stufe. So einfach diese Regel erscheint, so schwierig ist sie im Einzelfall zu befolgen. Es tauchen verschiedene Probleme auf. Eines davon ist das häufige Fehlen eines (einfachen) Wortes für die nächsthöhere Gattung. Die Sache funktioniert eben nur, wenn man sich auf einen jedermann bekannten und möglichst eindeutigen Oberbegriff beziehen kann, und einen solchen findet man häufig nur weit »oben«, d.h. man muß die Pyramide nach oben erweitern.

Cicero zeigt dies, etwas pointiert, am Beispiel der Definition des Begriffs »das Erbe« (hereditas). Cicero, Topica VI, 29: Hereditas est pecunia, quae morte alicuius ad quempiam pervenit iure nec ea aut legata testamento aut possessione. »Ein Erbe ist Vermögen, das durch den Tod von jemandem zu einer anderen Person gelangt ...« Sie meinen, dies würde genügen? Haben wir mit »Vermögen« (pecunia) eine klare nächsthöhere Gattung gefunden? Mitnichten, denn wir haben den Raubmord z.B. noch nicht ausgeschlossen — also fügt Cicero noch hinzu »iure« (rechtmäßig). Aber auch dies reicht ihm noch nicht. Da die Römer und speziell Cicero in rechtlichen Dingen sehr exakt waren, setzte er das Erbe nochmals eine Stufe tiefer und fügt es neben die beiden species (Arten): »weder durch das Testament (einer Drittperson) vermacht (legata) — ein Legat ist nicht ein Erbe — noch durch Ersitzung (possessio) erlangt.« Ersitzung ist (auch heute noch) das Erlangen von Eigentum durch andauernden Besitz während einer langen, im Gesetz festgelegten Zeit (ZGB 662: 30 Jahre bei Grundstücken; ZGB 728: 5 Jahre bei beweglichen Sachen).

So gelangt Cicero vom Oberbegriff »pecunia« über die Unterbegriffe »morte« und »iure« in der Pyramide hinunter zum Erbe, das sich auf der gleichen Ebene befindet wie die beiden Begriffe »durch Testament vermachtes« und »durch Ersitzung erlangtes Vermögen«. Versuchen Sie es auch einmal mit einem beliebigen Gegenstand!

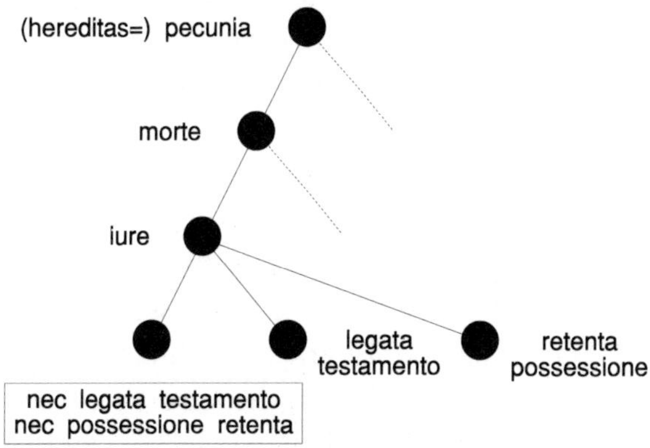

Die Denkform der Pyramide wird als Ordnungsprinzip von uns allen und von allen Wissenschaften verwendet. Sie eignet sich am besten für Gegenstände, die wenige und vollständig aufzählbare Eigenschaften besitzen. Dazu gehören vor allem die Gegenstände der Geometrie. Bei ihnen herrscht Klarheit der Begriffe, und sie lassen sich durch Worte eindeutig bestimmen und erschöpfend beschreiben — aber natürlich auch nur für jemanden, der das kulturelle Grundwissen darüber hat. So können alle möglichen Dreiecksarten mittels einer einfachen Pyramide dargestellt werden. Das eine Unterteilungskriterium ist die *Winkelart* (spitzwinklig, rechtwinklig, stumpfwinklig), das darunter angewendete die *Seitenlängen* (gleichseitig, gleichschenklig, ungleichseitig), wobei die Gleichseitigkeit bei den recht- und stumpfwinkligen Dreiecken entfällt. In dieser einfachen Begriffspyramide findet jedes mögliche Dreieck seinen ganz bestimmten Platz und kann eindeutig definiert werden. Hinzuzufügen bleibt, daß in diesem Fall die beiden Unterteilungskriterien in der Abfolge vertauscht werden können.

Weiter ist anzufügen, daß das Beispiel einer Definition von Cicero eigentlich logisch falsch ist, weil ein Begriff nicht negativ definiert werden darf. Wenn man nur ausschließend verfährt (weder »legata testamento« noch durch »possessio« erhalten), ist der Schluß auf einen einzigen weiteren Begriff wie hier das Erbe nicht zwingend. Es könnten ja theoretisch noch andere Begriffe vorhanden sein, auf die diese Ausschließung zutrifft! Formallogisch ist Ciceros Definition also falsch, praktisch aber gut.

Übertragen wir nun die Methode auf andere Gebiete. Versuchen wir z.B., ein Veilchen wissenschaftlich zu bestimmen. Die Definition: Ein Veilchen ist eine viola odorata, die zu den getrenntblumenblättrigen, zweikeimblättrigen, bedecktsamigen, sich offen fortzeugenden Pflanzen gehört. Die botanische Begriffspyramide, die dahinter steht, hat äußerlich dieselbe Form wie die geometrische. Sobald aber auf den Inhalt der Begriffe geachtet wird, ist sie von der geometrischen total verschieden. Während sich das Dreieck vollständig und eindeutig definieren läßt, ist das bei den Pflanzen nicht möglich. Es lassen sich immer nur einige Merkmale der Pflanze aufzählen. Die Zahl der Stufen, die zwischen dem Spitzenbegriff oben und den zuunterst gelegenen Arten liegt, ist bei der geometrischen Pyramide genau bestimmt. Beim botanischen Begriffsschema liegt weder die Zahl der Merkmale, nach denen gegliedert wird, noch die Anzahl der Arten fest. Nur qualitätslose Gegenstände wie diejenigen der Geometrie lassen sich nach dem Schema der Pyramide eindeutig bestimmen. Sobald komplexere Dinge definiert werden müssen, ist die Pyramide nur noch ein — allerdings unentbehrliches — Ordnungsschema. Carl von Linné verwendete es im 18. Jahrhundert für seine bedeutende Klassifikation der Pflanzen, und die heutigen Computerfreaks gebrauchen den Befehl »tree« (Baum), wenn sie Verzeichnisse und deren Unterverzeichnisse auf dem Bildschirm grafisch darstellen wollen.

Der vierfüßige Mensch

Ein weiteres Problem der Begriffsbildung

Wie schon erwähnt, gehörte die Logik (in der Antike auch Dialektik genannt) von der Antike bis ins 19. Jahrhundert zum Fächerkanon der Schule. Deshalb finden wir gelehrte Anspielungen oder ganze Traktate über diese Wissenschaft bei vielen — auch artfremden — Schriftstellern, bis Molière und Goethe. Der Logikprofessor und spätere Kirchenvater Augustin (4. Jahrhundert) bringt in seiner Schrift »de quantitate animae« XXV, 47 eine überzeugende Abhandlung über die korrekte Begriffsbestimmung. Er behandelt dort ein weiteres wichtiges Problem des ersten Kapitels der Logik: »Eine Definition darf nicht mehr und nicht weniger enthalten als das, was man damit aussagen will.« Um dies zu kontrollieren, müsse man die Definition umkehren. Er verwendet dazu das bekannte Beispiel der (sehr rudimentären) Definition des Menschen: (omnis) homo animal mortale est — (jeder) Mensch ist ein sterbliches Wesen. Um die Ausschließlichkeit zu unterstreichen, setzt er »omnis« (jeder) vor den ersten Teil (= Subjektteil — S) der Definition, denn der zweite Teil (= Prädikatteil — P) muß ja auf jedes Individuum des S–Teiles zutreffen.

Obige Definition sagt in dieser Form nichts Falsches aus, wenn man sie aber umkehrt (jedes sterbliche Wesen ist ein Mensch), bemerkt man, daß man in der Pyramide zu hoch gegriffen hat, denn es gibt noch andere sterbliche Wesen (Tiere). Eine korrekte Definition muß also in beiden Richtungen stimmen. Die Beziehung des Umfangs des Subjektbegriffs zum Umfang des Prädikatbegriffs kann auch mit der Mengenlehre veranschaulicht werden.

1. omnis homo — animal mortale est

wahr ►

◄ falsch

Weil diese Definition zuviel enthält, sagt Augustin, ist sie falsch. Folgende sei zutreffend: Omnis homo animal rationale mortale est. — Jeder Mensch ist ein mit Verstand versehenes sterbliches Wesen.

2. omnis homo — animal rationale mortale est

——— wahr ———▶

◀——— wahr ———

Wenn aber die Definition zu eng gefaßt sei, sei sie auch falsch, z.B. omnis homo animal rationale mortale grammaticum est — jeder Mensch ist ein mit Vernunft versehenes sterbliches gelehrtes Wesen. Hier ist nur die Aussage der Umkehrung zutreffend — man hat in der Pyramide zu tief gegriffen!

3. omnis homo — animal rationale mortale grammaticum est

——— falsch ———▶

◀——— wahr ———

Wenn aber sowohl die Definition als auch die Umkehrung falsch sind, dann sei der Fehler noch größer als in Beispiel 1: omnis homo animal candidum est — jeder Mensch ist ein weißes Wesen. Die Definition ist falsch, da es noch andersfarbige Menschen gibt, die Umkehrung aber auch, da es auch weiße Tiere gibt!

4. omnis homo — animal candidum est

——— falsch ———▶

◀——— falsch ———

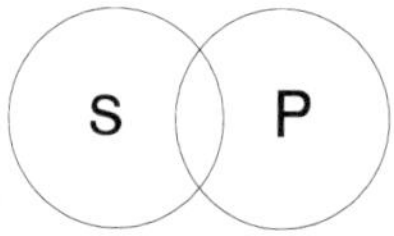

Immerhin überschneiden sich hier die zwei Mengen noch, was im letzten Beispiel nicht mehr der Fall ist: omnis homo animal quadrupes est — jeder Mensch ist ein vierfüßiges Wesen. In Wirklichkeit ist kein Mensch vierfüßig und auch kein vierfüßiges Wesen ist ein Mensch, also:

5. omnis homo — animal quadrupes est

falsch →

← falsch

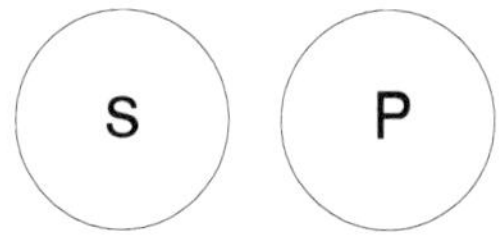

Je enger der *Inhalt* eines Begriffes gefaßt ist, desto größer wird sein *Umfang*, d.h. »sterbliches Wesen« ist ein knapp gefaßter Begriff und trifft deshalb auf sehr viele Wesen zu (großer Umfang); wenn wir den Inhalt aber ausweiten (animal rationale mortale grammaticum) wird der Umfang entsprechend verkleinert (und umfaßt hier nur noch den gelehrten Menschen).

Mit diesen fünf Fällen sind gleichzeitig alle möglichen Beziehungen zweier Mengen zueinander dargelegt! Es ergeben sich daraus die drei kurzen lateinischen Regeln der Begriffsbestimmung:

1. ne quid plus (nicht zuviel angeben)
2. ne quid minus (nicht zu wenig)
3. ne quid falsum (nichts Falsches)

Literatur: Hans Leisegang, »Denkformen«, Berlin 1951; Werner Strombach, »Die Gesetze unseres Denkens«, eine Einführung in die Logik, Becksche Schwarze Reihe Band 65, 1975 (beide vergriffen); A. Menne, »Einführung in die Logik«, UTB 34, Francke, Bern 1986. Ernst Gegenschatz, »Logik im Lateinunterricht«, Altsprachlicher Unterricht 2/1972.

Der Gedankenkreis

Weitere bibliographische Anmerkungen

Die drei Kapitel über die Logik fußen vor allem auf Fachpublikationen des Zürcher Altphilologen Ernst Gegenschatz. Es gibt aber auch einige gut zugängliche Einführungen in die Logik (siehe Literaturangaben am Ende des vorhergehenden Kapitels). Sehr spannend ist das Buch von Hans Leisegang, »Denkformen«, Berlin 1951. Der Autor behandelt nicht nur das klassische Denkmodell der Begriffspyramide, sondern er geht auch auf weitere Denkformen ein wie den sogenannten Gedankenkreis. Während die klassische Logik statisch ist und ihre Urteile sich immer auf einen Zustand beziehen (»Schwefel ist gelb«), handelt die Logik des Gedankenkreises vom Werden und Vergehen. Es sind vor allem mystisch denkende Menschen, die sich ihrer bedienen. Neben vielen antiken Belegen, vor allem des griechischen Vorsokratikers Heraklit, bringt Leisegang auch Zitate aus Goethes Werken, so zum Beispiel:

> Und es ist das ewig Eine,
> das sich vielfach offenbart:
> Klein das Große, groß das Kleine,
> alles nach der eignen Art.
> Immer wechselnd, fest sich haltend,
> nah und fern und fern und nah;
> so gestaltend, umgestaltend —
> zum Erstaunen bin ich da.«

Wenn bei den Urteilen der klassischen Logik die zwei Begriffe eines Urteils immer mit »sein« verbunden werden, müssen wir hier jeweils »werden« einsetzen. So meint Goethe nicht »Klein *ist* das Große«, sondern »Klein *wird* das Große« usw. Der Kreislauf der

Welt manifestiert sich für den Mystiker in sich dynamisch entwickelnden Gegensätzen.

Verblüffend wird die Sache bei der Interpretation einer Paulus-Stelle (Röm. 5, 12–21). Hier legt Paulus in wenigen Versen den wichtigsten Teil des christlichen Dogmas dar. Der rein rational denkende Leser ist dabei vollkommen überfordert und kann nur den Kopf schütteln ob des dargebotenen Unsinns. Paulus verbindet lauter Gegensätze und läßt sie sich gegenseitig bedingen. »Wie durch *Eines* Fall es für *alle* zur *Verdammnis* kam, so muß auch durch *Eines Gerechtsprechung* es für alle Menschen zur *Rechtfertigung* des Lebens kommen.« So ordnet Leisegang alle Kernbegriffe der Stelle zwanglos in einen Kreis, indem er an der obersten Stelle Adam anführt, unten als Gegensatz Jesus, an der zweitobersten Stelle Sünde und als deren (auch geometrischen) Gegenpol Gnade, dann Tod und Leben, Gesetz und Gerechtigkeit, Verdammnis — Rechtfertigung, Ungehorsam — Gehorsam, womit der Kreis geschlossen wäre. Hier treffen wir einen Gedankenkreis im buchstäblichen Sinne des Wortes, der dem Schöpfer der Rede vor dem geistigen Auge gestanden haben muß. Leider hat das Buch von Leisegang trotz Versprechungen keine Neuauflage erfahren. Es muß über die Kantonsbibliothek bestellt werden (in der Zürcher Zentralbibliothek ist es auch bereits »vergriffen«!)

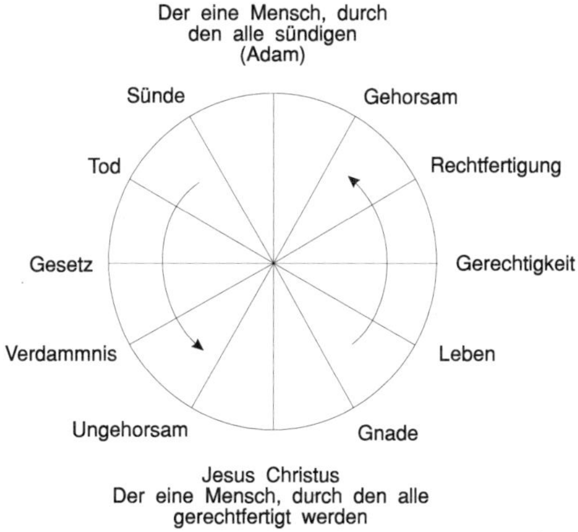

Zum Nachschlagen und Studieren lateinischer Sprichwörter und Redensarten empfiehlt sich vor allem das neu bearbeitete und erweiterte Büchlein »VENI, VIDI, VICI« von Klaus Bartels, Artemis 1990. In der ihm eigenen lebendigen Art präsentiert Bartels im Hauptteil zuerst einige griechische, dann eine Menge lateinische Sprichwörter. Im Schlußteil folgen lateinische Formeln und Floskeln. Ähnlich umfassend ist Alfred Sellner, »Latein im Alltag«, VDM–Verlag, Wiesbaden. Das Büchlein gibt jedoch nur sehr knappe Erklärungen und selten Quellenangaben.

Für die antike Atomphysik ist der Berner Alfred Stückelberger zuständig. Im Tusculum–Bändchen »Antike Atomphysik« präsentiert er die wichtigsten antiken Texte mit Übersetzung und Kommentar, spannt aber den Bogen bis zur Wiederaufnahme dieser Gedanken in der Neuzeit. Daneben existiert ein hervorragendes Buch vom selben Autor: »Einführung in die antiken Naturwissenschaften«, Wissenschaftliche Buchgesellschaft Darmstadt. Es ist ein knapp gehaltenes Paperback, das einen guten Einblick in die antiken Grundlagen unserer Naturwissenschaften vermittelt.

Ganz unbescheiden möchten wir hier noch auf ein eigenes Buch hinweisen: Hans Widmer, »Römische Welt, kleine illustrierte Kulturgeschichte« (siehe Werbung am Schluß dieses Buches).

Antike Staatswesen

»res publica«

Wie die römische Republik funktionierte

Es gibt kaum gegensätzlichere Staatsordnungen als die athenische Demokratie und die römische Republik. Die griechische Polis war ein Personalverband. Die Gesamtheit der attischen Bürger bildete den Staat, sichtbar in den praktisch wöchentlich stattfindenden Volksversammlungen. Die Volksversammlung war für alles kompetent und konnte über alle möglichen Einzelheiten beschließen — näheres darüber im nächsten Kapitel.

Anders in Rom: Dort waren Staat und Volk nicht identisch. Es existierte ein Überbegriff, nämlich »res publica«. Dies bedeutet etwa »die Gesamtheit der öffentlichen Angelegenheiten«. Da Volk und Staat nicht dasselbe waren, mußte die Führung der Staatsgeschäfte nicht vom Volk selber besorgt werden, sondern konnte in anderen Händen liegen. Gemäß der ganzen römischen Geisteshaltung mit ihrer starken Betonung von Autorität war es ganz selbstverständlich, daß etwas so Wichtiges wie die Führung der Staatsangelegenheiten nicht der launischen Menge überlassen wurde, sondern nur in den Händen von erfahrenen Männern, vor allem des Adels, liegen durfte. »Eine echte demokratische Bewegung hat es in Rom nie gegeben. Daß Rom hätte durch das Volk regiert werden können, auf diesen Gedanken ist kein Römer, dessen Stimme wir vernehmen, je gekommen, auch die überzeugtesten »Popularen« nicht« (Ernst Meyer). Das republikanische Rom blieb so ein Adelsstaat, der von wenigen Familien regiert wurde, die sich durch Generationen hindurch Erfahrung und sichere Kenntnis der Leitung der Staatsgeschäfte angeeignet hatten.

Obwohl es den Senat und verschiedene Arten von Volksversammlungen gab, waren die Oberbeamten (vor allem die Konsuln und Praetoren) die entscheidenden Personen im Staat. Sie wurden zwar von der Volksversammlung gewählt, aber wenn sie ihr Amt rechtsgültig angetreten hatten, waren sie für ein Jahr lang uneingeschränkte Träger der Staatsmacht und keiner Stelle Rechenschaft schuldig. »Magistratus« hießen die Oberbeamten; darin steckt »magis«, mehr — sie waren eben »mehr« als die anderen. Sie hatten auch eine besondere Amtstracht, den Purpurmantel, und waren von Liktoren begleitet, d.h. von Begleitern, die das die Macht symbolisierende Rutenbündel trugen.

Abb. 45: SPQR *Senatus populusque Romanus (der Senat und das Volk Roms); Deckel eines Abwasserkanals im heutigen Rom; steht auch auf jedem römischen Bus geschrieben.*

An der Organisation der Volksversammlungen läßt sich die Machtfülle der Oberbeamten erst recht ablesen. Eine Volksversammlung durfte nur von einem Beamten einberufen und geleitet werden. Der nichtbeamtete Bürger hatte kein Recht, einen Antrag einzubringen; auch dies war dem Beamten vorbehalten. Ja, er war nicht einmal verpflichtet, einen ihm nicht genehmen Volksversammlungsbeschluß anzunehmen! Formell galt dieser erst, wenn der leitende Beamte ihn verkündet hatte (ebenso bei Senatsbeschlüssen). So konnte der Beamte die Abstimmung wiederholen und das Volk auffordern, »besser« zu stimmen.

Ausgleichende und korrigierende Elemente waren die Beschränkung der Amtsdauer auf ein Jahr und die Kollegialität der Beamten — sie hatten das sogenannte Interzessionsrecht (intercedere = dazwischentreten), d.h. daß die Amtshandlung eines Beamten durch das Veto des Kollegen blockiert werden konnte. Ein weiteres, sehr wichtiges korrigierendes Element bildeten die Volkstribunen. Diese Vertreter des einfachen Volkes hatten ebenfalls die Möglichkeit jede Handlung von Beamten mit ihrem Veto (= ich verbiete) zu verhindern.

Die Staatsform der römischen Republik bestand von 510 bis 28 v. Chr. (Augustus), wobei die letzten hundert Jahre von schlimmen Bürgerkriegen überschattet waren. Der Grund für das erstaunliche Funktionieren dieses seltsamen Gebildes liegt vor allem in der »auctoritas« (natürliches Anerkennen übergeordneter Instanzen) und in der »fides« (Vertrauen), die beide beim römischen Volk stark ausgebildet waren, und an denen es heute weitherum mangelt. Man vertraute einander, verhandelte miteinander und fuhr dabei nicht schlecht. So ist auch die Tatsache zu erklären, daß es in Rom nie eine geschriebene Verfassung gab. Das komplizierte Gebilde der republikanischen Staatsform funktionierte nur dank der Tatsache, daß es allgemein akzeptiert wurde. Ein großer Vorteil war, daß Änderungen an der (ungeschriebenen) Verfassung leicht möglich waren, da kein langes formelles Prozedere (procedere = vorwärtsschreiten) nötig war. In unserer heutigen Zeit, wo alles »verrechtlicht« ist, können wir uns solche Zustände schlicht nicht mehr vorstellen. Wir haben zwar viel an persönlicher Freiheit gewonnen, jedoch einiges an gemeinschaftlichem Verantwortungsgefühl verloren. Ein Ausspruch des tiefsinnigen Historikers Tacitus (Annalen 3,27) ist vielleicht mehr als nur ein Schlagwort: »Corruptissima re publica plurimae leges« (Wenn der Staat am verdorbensten ist, hat er am meisten Gesetze).

Die römische Plebs (niederes Volk) konnte dank diesen Mechanismen dem Adel im Laufe der Jahrhunderte viele sehr wichtige Rechte abringen. Es wurde unter anderem für Angehörige jeden Standes möglich, in alle Oberämter gewählt zu werden und danach in den Senat zu gelangen.

Die beiden Konsuln, die obersten Beamten, stellten direkte Nachfolger des ehemaligen Königs dar, mit dem entscheidenden Unterschied, daß es zwei waren und sie das gegenseitige Interzessionsrecht besaßen. Ursprünglich hießen sie »prae–itores / praetores«, d.h. diejenigen, »die vorangingen«, Führer.

Auch Senatsbeschlüsse waren theoretisch vom »Plazet« (Einverständnis) des vorsitzenden Konsuls abhängig. Doch wagte dieser in der Regel nicht, gegen die überragende Autorität des Senats sein Veto einzulegen. Klare Kompetenzabgrenzungen zwischen den verschiedenen staatlichen Instanzen gab es nicht. Diese haben sich aber mit der Zeit herausgebildet. Die wichtigste Rolle spielte der Senat wohl in der Außenpolitik. Seine Mitglieder rekrutierten sich aus dem Adel und aus vermögenden Ritterkreisen, doch konnten ihm, wie oben erwähnt, auch Leute aus der Plebs angehören, wenn sie zuvor ein Oberamt bekleidet hatten.

Wir stützen uns bei diesen Darlegungen vor allem auf die hervorragenden Werke des Zürcher Althistorikers Ernst Meyer (»Römischer Staat und Staatsgedanke« und »Einführung in die antike Staatskunde«).

Die attische Demokratie

Das antike Griechenland bestand politisch aus vielen kleinen Stadtstaaten (póleis, Mehrzahl von pólis). Die Polis mußte so groß sein, daß sie die wichtigsten Bedürfnisse in materieller und kultureller Hinsicht erfüllte und eine genügend große Anzahl an Einwohnern umfaßte. Deshalb bestand die Polis der Athener aus ganz Attika. Trotz der zeitweisen Hegemonie (Vorherrschaft) von Athen und Sparta blieb die dezentrale politische Struktur Griechenlands bestehen, im Gegensatz zu Italien, das schon früh zentralistisch von Rom aus beherrscht wurde.

Bei den Griechen ist wohl zum ersten Mal in der Geschichte das Individuum erwacht, hat sich vom Land gelöst und seine größte Erfüllung im gemeinschaftlichen städtischen Leben gefunden. So konnte Sokrates sagen: »Die Bäume auf dem Feld können mich nichts lehren, aber die Menschen in der Stadt« (Platon, Phaidros 230 d). Der Philosoph Aristoteles prägte den bekannten und meist mißdeuteten Begriff des Menschen als »zôon politikón« (auf Gemeinschaft hin angelegtes Wesen). Der Mensch könne nur in Gemeinschaft ein volles menschliches Leben führen, nicht als Einzelwesen. Das Tier mit seinen vegetativen Bedürfnissen brauche den Staat nicht und nicht der Gott, der sich selbst genug sei. — Wenn man den griechischen Begriff, wie es meist geschieht, mit »politisches Wesen« übersetzt, wird er mißverstanden, da »politisch« heute etwas anderes aussagt, als Aristoteles damit meinte (siehe dazu Christian Meier, Die Entstehung des Politischen bei den Griechen).

Im Gegensatz zum römischen ist der griechische Staat kein abstraktes Gebilde. Er besteht, wie im letzten Kapitel dargelegt, aus der Gesamtheit seiner Bürger, die die politischen Rechte besitzen. Da die Frauen, die zugezogenen Fremden und die Sklaven diese nicht besaßen, war auch die vollendete Demokratie immer noch die Herrschaft einer Minderheit.

Die attische Demokratie hat sich über verschiedene Stufen herangebildet. Die Verfassung Solons um 600 v. Chr. bildet wohl die erste faßbare Stufe. Solon wirkte auf einen Ausgleich der Stände hin, wobei zwar der Adel die Vorherrschaft behielt, das Volk aber an Volksversammlung und Gericht teilnahm und seine persönlichen Rechte geschützt wurden. Durch die Reform des Kleisthenes (510) wurden die Rechte des Volkes noch erweitert. Den Kern bildete eine ausgeklügelte Neueinteilung der Bürgerschaft.

Abb. 46: Athenische Münze. *Athenakopf / Eule mit Olivenzweig; um 500 v. Chr.; die Eule war der Athena heilig; das Sprichwort »Eulen nach Athen tragen« bedeutet eigentlich: etwas Überflüssiges tun, wie Geld (= Münzen mit der Eule) ins reiche Athen bringen.*

Damit kein Berufsstand, keine Region und auch sonst keine Gruppierung zuviel Macht erringen konnte, bildete Kleisthenes zehn künstliche politische Einheiten (Phylen), die jede aus einem Teil der Stadt, einem Teil des Küstengebiets und einem Teil des Binnenlandes bestand. Somit existierte die Stadt Athen als politische Einheit gar nicht!

Nur stichwortartig seien im folgenden einige Eigenheiten der sehr weitgehenden attischen Demokratie dargestellt.

An der Volksversammlung durfte jeder Bürger, der die politischen Rechte besaß, teilnehmen. Sie war für nahezu alles zuständig, die Stellung der Beamten war hingegen schwach. Damit auch den Ärmeren die Teilnahme an der fast wöchentlich stattfindenden Volksversammlung (ekklesía; gibt im Lateinischen ecclesia, Kirche, frz. église) ermöglicht werden konnte, wurde eine finanzielle Entschädigung ausgerichtet. Neben der Volksversammlung existierte ein Rat von 500 Mitgliedern, der Verwaltungs– und gewisse Regierungsfunktionen hatte. Jede Phyle stellte 50 Mitglieder. Da auch dieser Rat für viele Aufgaben zu schwerfällig war, bestellte man zusätzlich einen Ausschuß von 50 Männern, der die laufenden Geschäfte erledigte (Prytanie). So bildete jede fünfzigköpfige Abordnung der zehn Phylen für ein Zehntel des Jahres die Prytanie. Damit hat es aber noch nicht sein Bewenden: aus dieser fünfzigköpfigen Prytanie wurde täglich ein anderer Vorsitzender ausgelost!

Die Wahl der Beamten erfolgte entweder durch das Los oder durch Wahl, wobei Losung allgemein als demokratischer, Wahl als mehr aristokratisch galt (eine spezielle Auslosungsmaschine aus hellenistischer Zeit ist uns erhalten geblieben). Die Beamten besaßen keine besondere Amtstracht und konnten jederzeit abgesetzt werden; auch diese Regelungen stehen in krassem Gegensatz zur römischen Praxis.

Abb. 47: Ostrakon. *Scherbe von der athenischen Agora mit den eingeritzten Namen von Perikles, Sohn des Xanthippos.*

Ein weiteres Mittel, die Macht zu kontrollieren, war die eigenartige Einrichtung des »Ostrakismós« (Scherbengericht). Jährlich wurde auf einer bestimmten Volksversammlung die Frage gestellt, ob jemand nach der Tyrannis strebe. Wenn diese Frage bejaht wurde, konnten die Versammlungsteilnehmer einen Namen in eine Scherbe ritzen. Falls 6000 Stimmen abgegeben worden waren, mußte der Meistgenannte für zehn Jahre das Land verlassen! Dieses Schicksal ereilte fast jeden der großen athenischen Politiker einmal, so zum Beispiel Kimon und Themistokles; viele dieser beschriebenen Scherben sind uns erhalten. Sie dokumentieren außerdem, daß der attische Bürger des 5. Jh. v. Chr. schreiben konnte, auch wenn die Episode überliefert ist, daß einer in der Volksversammlung seinen Nachbarn bitten mußte, ihm die Scherbe zu beschriften (worauf dieser natürlich einen anderen, ihm genehmen Namen daraufschrieb!).

Eine letzte Eigentümlichkeit sei erwähnt, die auch in unserer Schweizer Politik aktuell ist. Direkte Steuern von Vermögen oder Einkommen galten im Altertum als mit bürgerlicher Freiheit unvereinbar. Der Staat stützte sich auf Einnahmen aus staatlichem Grundbesitz, Verpachtung von Fischereirechten, Salzgewinnung, auf Zölle und Verkaufssteuern. Hat nicht soeben der Schweizerische Gewerbeverband die Lancierung einer Initiative zur Abschaffung der direkten Bundessteuer angekündigt?

Bei der Beurteilung der attischen Demokratie muß man beachten, daß »die Griechen keine Griechen vor sich hatten« (Chr. Meier). Die Idee der Demokratie ist nur eine von vielen genialen »Erfindungen« der Griechen. Es gibt kaum einen Lebensbereich in der heutigen Welt, der nicht von ihnen vorgeprägt worden wäre! — Erst in der Neuzeit wurden wieder ähnliche staatliche Gebilde verwirklicht.

Literatur: Ernst Meyer, Einführung in die antike Staatskunde, Wissenschaftliche Buchgesellschaft, Darmstadt 1968; Christian Meier, Die Entstehung des Politischen bei den Griechen, Suhrkamp, Frankfurt 1983.

Das goldene Zeitalter

Ovid gegen Lukrez

Durch die bekannten Verse (Hexameter) in den »Metamorphosen« des augusteischen Dichters Ovid ist die Vorstellung vom goldenen Zeitalter Allgemeingut geworden. Natürlich ist Ovid nicht der »Erfinder« des Themas, sondern er hat als direkten Vorläufer den frühgriechischen Dichter Hesiod. Aber auch dieser ist nicht der erste, denn das Thema der nach Metallen bezeichneten Zeitalter stammt aus nahöstlichen Kulturen. Auch im Alten Testament ist es zu finden (Daniel 2,31 ff.). So schreibt Ovid in seinen »Metamorphosen«:

> »Aurea prima sata est aetas, quae vindice nullo,
> sponte sua, sine lege fidem rectumque colebat ...«

(Und es entstand die erste, die goldene Zeit: ohne Richter,/ ohne Gesetz, von selber bewahrte man Treue und Anstand).

In diesem paradiesischen Urzustand brauchte man für das Zusammenleben noch keine Gesetze; auch fehlte die Schiffahrt (sie ist für den Menschen unnatürlich und bringt verderbliche Sitten); es gab noch keinen Krieg: »sine militis usu / mollia securae peragebant otia gentes« (ohne Gebrauch des Soldaten verbrachten die Völker unbesorgt sanfte Muße). Auch der Ackerbau war nicht nötig: »per se dabat omnia tellus« (von sich aus gab die Erde alles). »Ver erat aeternum« (es war ewiger Frühling) — der Schluß der Schilderung des goldenen Zeitalters gipfelt in der Aufzählung wahrhaft paradiesischer Zustände. »Flumina iam lactis, iam nectaris flumina ibant,/ flavaque de viridi stillabant ilice mella« (Hier gab's Ströme von Milch, dort ergossen sich Ströme von Nektar,/ und es troff von der grünenden Eiche der gelbliche Honig).

Stilistisch bringt fast jeder der vierundzwanzig Verse des goldenen Zeitalters etwas Bemerkenswertes. Wir gehen nur auf den letzten Vers ein (flavaque ...): die hellen und süßen »i« unterstreichen die erfreuliche Aussage, ebenso die gehäuft vorkommenden »l«, die das Fließen zum Klingen bringen. Übrigens: viridis ergab im Italienischen verde, frz. vert, und mel, mellis (Honig) wurde zu miele / miel.

Nur kurz sind bei Ovid die folgenden beiden Zeitalter, das silberne und das bronzene, geraten. Wir müssen sie überspringen. Es geht dem Dichter vor allem um den Gegensatz zwischen dem paradiesischen goldenen und dem letzten, dem brutalen eisernen Zeitalter der Gegenwart (beide haben vierundzwanzig Verse). Im eisernen erscheinen wieder die gleichen Themen, doch diesmal ganz anders gefärbt: »irrupit ... / omne nefas. Fugere pudor verumque fidesque.« (Es brach herein ... / alles Unrecht. Es flohen Scham, Wahrheit und Treue). Die Pinie, die vorher auf den Bergen stand, wo sie hingehört, tanzt jetzt auf den Wellen (als Schiff). Von der Mutter Erde fordert man nicht nur die geschuldeten Lebensmittel, sondern »man ging in ihre Eingeweide« und holte Eisen und Gold heraus. Auch lautlich ist das Gewalttätige vorhanden, nämlich in vier anlautenden p/b: »(aurum) prodierat; prodit bellum, quod pugnat utroque.« (das Gold war hervorgekommen; es kommt der Krieg hervor, welcher mit Hilfe von beiden [Metallen, nämlich Eisen und Gold] kämpft). Der Schluß ist ein gewaltiger Gegensatz zu demjenigen des goldenen Zeitalters: Man bringt sich gegenseitig um — der Gast den Gastgeber, der Schwiegersohn den Schwiegervater usw.

Interessant ist der Vergleich dieser Darstellung mit einer analogen des etwas älteren Lukrez. Dort heißt es von den frühen Menschen (de rerum natura 5, 925 ff.): »Härter war jenes Menschengeschlecht« — (at genus humanum multo fuit ... durius) — durus (hart) ist bei Ovid ausgerechnet der Kernbegriff für den Menschen des letzten (eisernen) Zeitalters! Und: »Gütlich taten sie meist sich in eicheltragenden Wäldern« — sie waren, gezwungenermaßen, genügsam wie das Vieh, das man in die Wälder trieb, damit es sich dort ernähre. Dies ist der pure Gegensatz zu Ovids Flüssen von Milch und Honig.

»Sitten kannten sie nicht und nicht den Gebrauch der Gesetze./ Was der Zufall jeglichem gab, das nahm er zum Raub hin.« Hier wird das Fehlen von Gesetzen negativ gedeutet. Im folgenden ist dann der allmähliche Aufstieg der Menschheit zu höherer Entwicklung und einem besseren Schicksal geschildert.

Ovid gegen Lukrez. Wer hat recht? Ich würde meinen, beide. Hier der mahnende Dichter, der seinen Mitmenschen den Spiegel vorhält und nostalgisch in die Vergangenheit zurückblickt, dort der Naturwissenschafter, der objektiv die Entwicklung der äußeren Lebensumstände konstatiert. Es scheint, daß die deszendente (absteigende) Theorie von Ovid heute eher Anklang findet, während die aszendente (aufsteigende) von Lukrez mit der gegenwärtigen Technikfeindlichkeit kollidiert. Dies ist verständlich in einer Welt, wo der Fortschritt zu schnell fortschreitet.

Abb. 48: Kopf einer Kykladen-Statue *(zwischen 2500 und 2000 v. Chr.)*

Abb. 49: Odysseus-Kopf aus Sperlonga *(späthellenistisch). Zwischen diesen beiden markanten Köpfen liegen über 2000 Jahre griechischer Geschichte.*

Register

BILDERNACHWEIS

Der spätrömische Silberschatz von Kaiseraugst (Red. Kahn, Kaufmann), Habegger Verlag, Derendingen, 1984: Abb. 1, 10.
Gerold Walser, Römische Inschriften in der Schweiz, Bd. 1-3. Haupt, Bern, 1979, 1980: Abb. 2, 17, 33, 35.
Andres Furger, Die Helvetier, NZZ, Zürich, 1984: Abb. 3.
W. Drack, R. Fellmamm, Die Römer in der Schweiz, Theiß, Stuttgart, Raggi, Jona SG, 1988: Abb. 6, 9.
M. Hartmann, H. Weber, Die Römer im Aargau, Sauerländer, Aarau 1985: Abb. 5, 11, 12.
Archäologie der Schweiz, Bd. V, Red. W. Drack, Zürich, 1975: Abb. 13, 16, 18.
J. Morwood, Our Greek and Latin Roots, Cambridge University Press, 1990: Abb. 4, 45.
J. H. Farnum, 17 Ausflüge zu den alten Römern in der Schweiz, Hallwag, Bern, 1972: Abb.8, 28.
L. Benevolo, Geschichte der Architektur ..., Bd. 3, DTV 4543, München 1988: Abb. 32.
G. K. Jenkins, Münzen der Griechen, München 1972: Abb. 46.
H. Berve, G. Gruben, Griech. Tempel und Heiligtümer, München 1961: Abb. 23, 24, 25.
Vindonissa News, Herbst 1991: Abb. 38.
Alfred Bolliger, Bilderatlas zur Kunstgeschichte, Bd. 1, Sauerländer, Aarau, 1968: Abb. 15, 27.
P. E. Arias, M. Hirmer, Tausend Jahre griech. Vasenkunst, München, 1960: Abb. 7, 37, 44.
Lexicon Iconographicum ..., Bd. II 2, V 2, Artemis, Zürich, 1990: Abb. 41, 43.
Die griech. Kunst (Charbonneaux, Demargne), Bd. III, IV, Beck, München, 1977: Abb. 48, 49.
Kunst des Abendlandes (K. Martin), Braun, Karlsruhe: Abb. 30.